우쿨렐레 지판의 음정

KB235700

① 라 시 도 레 미 파
② 미 파 솔 라 시 도
③ 도 레 미 파 솔 라
④ 솔 라 시 도 레 미
0 1 2 3 4 5 6 7 8 9

솔 라 시 도 레 미 파 솔 라 시

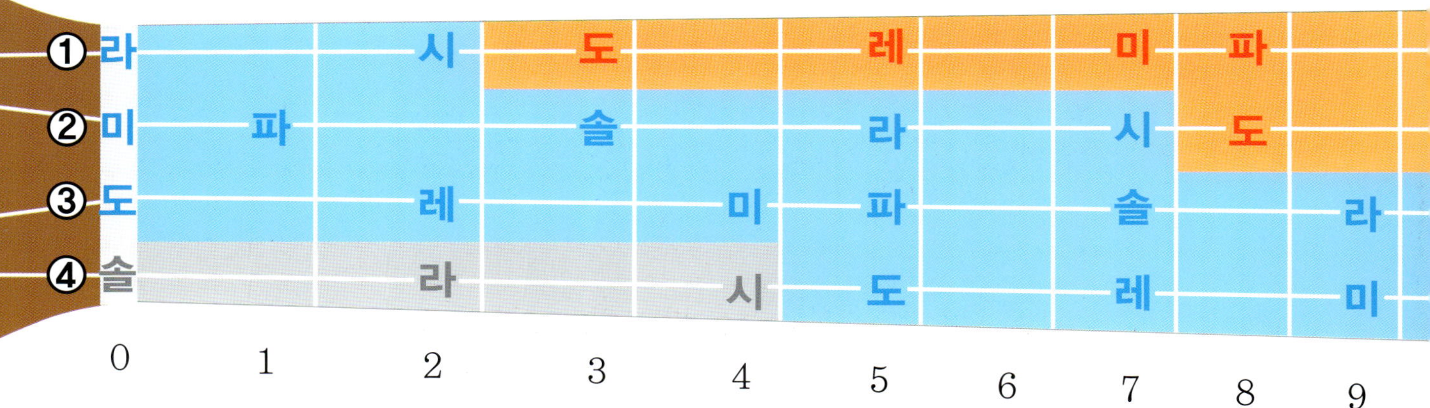

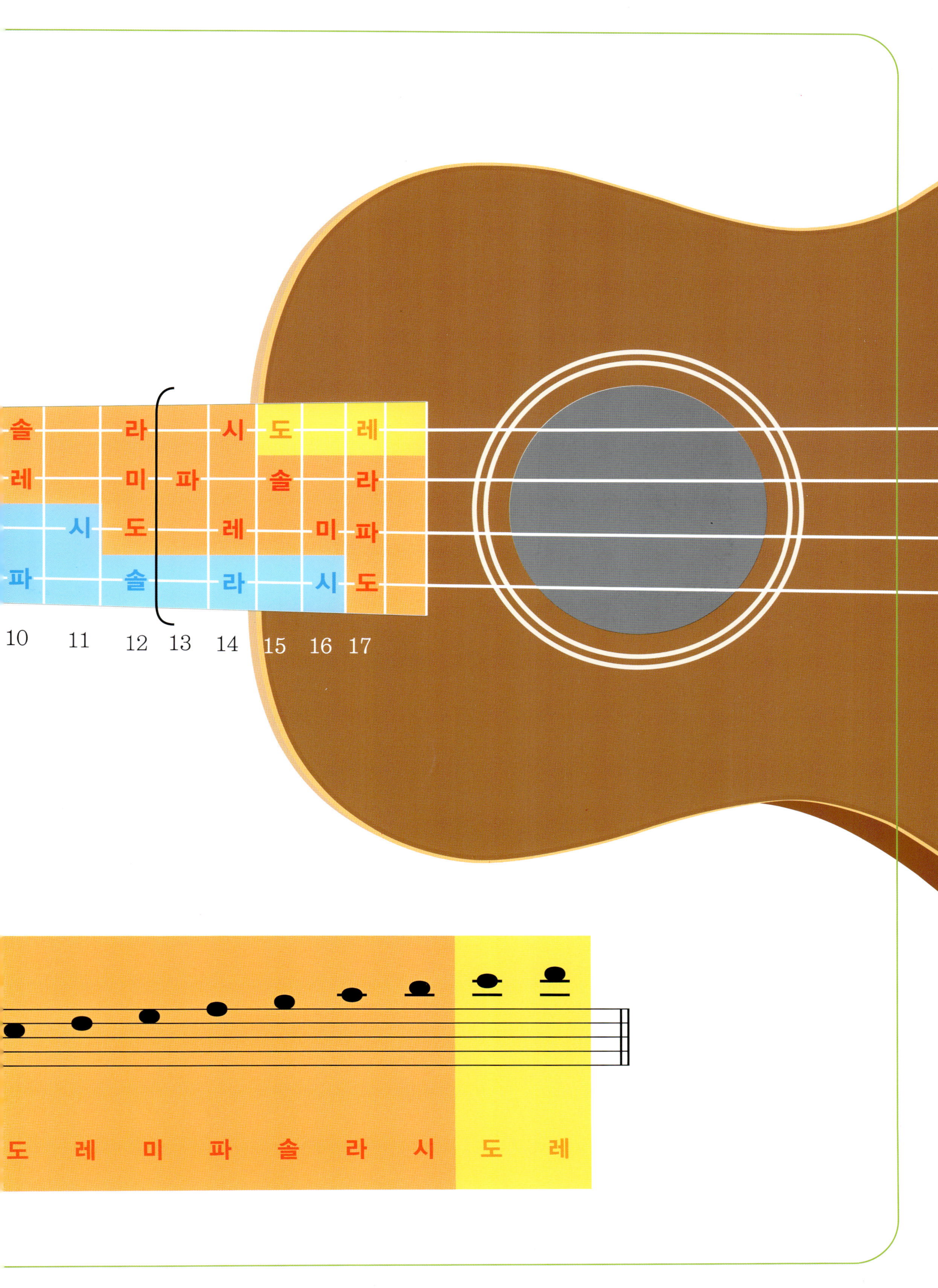
솔 라 시 도 레
레 미 파 솔 라
시 도 레 미 파
파 솔 라 시 도
10 11 12 13 14 15 16 17
도 레 미 파 솔 라 시 도 레

알로하 우쿨렐레

Aloha! Ukulele

김배훈 저

머리말

우쿨렐레라는 악기를 처음 접하면 대부분 이 악기가 어린이 기타, 아니면 장난감이라고 생각하는 경우가 많습니다. 그리고 기타를 쳐본 사람들도 어떻게 연주하는지 궁금해 하곤 합니다.

우쿨렐레는 간단한 노래 반주부터 클래식 연주까지 가능한, 마치 통기타(어쿠스틱 기타)와 클래식 기타를 합친듯한 매력적인 악기입니다. 그러면서도 어린이도 다룰 수 있는 작은 크기와 갖고 싶은 귀여운 모양, 맑고 밝은 음색, 휴대가 간편하고 연주하기 편하기 때문에 남녀노소 누구나 쉽게 배우고 즐길 수 있는 악기입니다.

그래서인지 요즘 동호회도 활성화 되고, 문화센터나 어린이 음악 교육, 방과 후 교육 등에 점차 활용되는 것을 볼 수 있습니다. 앞으로 외국처럼 생활 속의 악기로 널리 보급될 것으로 기대하고 있습니다.

그러나 이러한 관심에 비해 체계적인 교육 프로그램이나 배울 곳이 적다는게 문제입니다. 그런 점을 느끼면서 우쿨렐레에 관심을 가진 분들에게 이 악기에 관한 전반적인 이해를 간단하면서도 한 눈에 파악하기 쉽도록 정리해서 전달하고자 이 교본을 집필하게 되었습니다.

처음 기초 부분에는 우쿨렐레에 관한 항목별 개념 정리를 두어서, 필요할 때 사전처럼 찾아 볼 수 있도록 정리하였으며, Part 2의 우쿨렐레 연주곡들을 난이도별로 구분하여 자연스럽게 단계별 학습을 할 수 있도록 하였습니다.

아무쪼록 이 교본이 우쿨렐레 입문자에게 좋은 안내서가 되어 우쿨렐레를 더 잘 다루고 즐길 수 있기를 바랍니다. 그리고 이 교본이 나오기까지 애써주신 삼호ETM 관계자 여러분께 감사드립니다.

2010년 7월 30일

김 배 훈

차례

알로하 우쿨렐레

우쿨렐레 기초

❖ 우쿨렐레란?

1878년과 1913년 사이에 20,000명이 넘는 포르투갈 사람들이 마데이라와 아조레스, 그리고 포르투갈 본토에서부터 하와이 섬으로 새로운 삶을 위해 떠나면서 그와 함께 브리기니아(현재의 우쿨렐레와 비슷한 튜닝을 가진 5현 악기)라는 악기가 하와이 호놀룰루까지 전해졌습니다.

포르투갈의 항해자들과 거래자들이 이 '작은 기타'를 하와이로 가져왔고, 1879년 Joao Fernandez라는 포르투갈 이민자에 의해 처음으로 소개되어 공식 연주되었습니다. 당시 우쿨렐레는 브라기니아라고 불리었는데, 첫 번째 우쿨렐레가 포르투갈의 브라가 지방에서 제조되었기 때문입니다. 후에 이 악기를 연주할 때의 현란한 손놀림이 마치 벼룩이 톡톡 뛰는 것처럼 보여 하와이어로 벼룩이라는 뜻의 'Uku'와 뛰다라는 뜻의 'Lele', 즉 'Ukulele-우쿨렐레(뛰는 벼룩)'로 불렸습니다.

최근에 작은 기타(Baby Guitar)가 많은 인기를 끌고 있습니다. 작은 기타는 가지고 다니기 편하고 여행하기가 쉽다는 장점이 있으며 이는 이미 우리와 수년을 함께 해왔습니다. 그것이 바로 우쿨렐레입니다. 오늘날 우쿨렐레는 특히 폴리네시아 중 하와이 제도에서 큰 인기를 누리고 있습니다. 그리고 점점 북미대륙부터 일본과 유럽까지 모든 곳에서 주목을 끌고 있으며 많은 전문 연주자들이 등장하여 현악기로서의 가능성을 증명하고 있습니다.

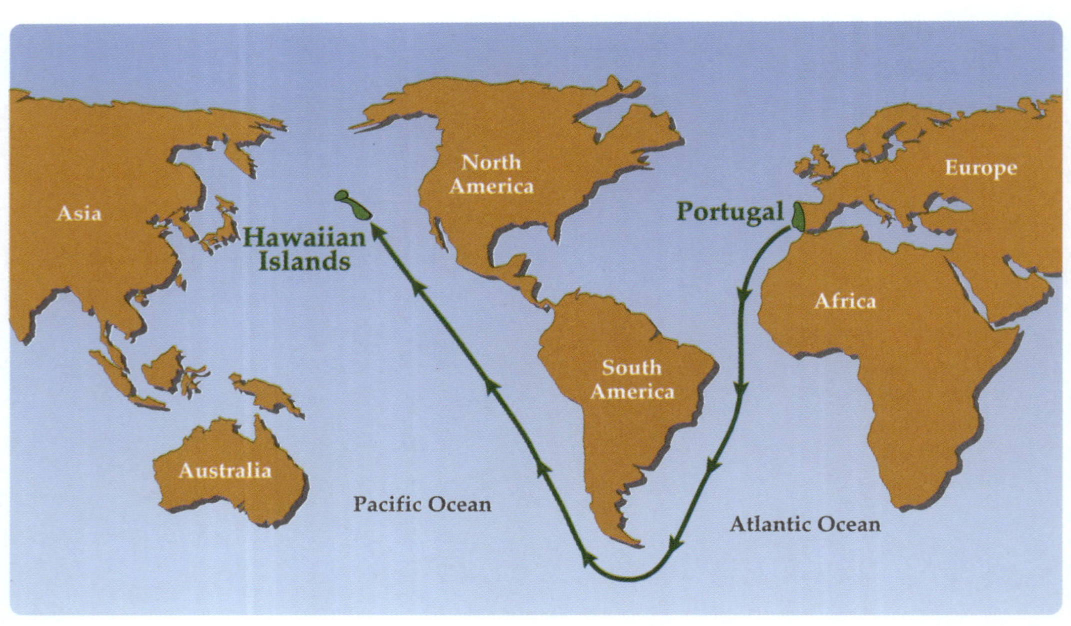

❖ 우쿨렐레의 구조와 종류

우쿨렐레는 크기에 따라 소프라노(스탠더드), 콘서트, 테너, 바리톤 등으로 나뉘며 일반적인 기타 모양의 오리지 널형이 대부분이지만, 파인애플형을 비롯하여 여러 다양한 모양의 우쿨렐레가 있습니다. 최근에는 중주나 합주 를 위해 우쿨렐레 베이스도 개발되었습니다. 우쿨렐레는 일반적으로 네 줄을 가지고 있지만, 여섯 줄, 그리고 만 돌린처럼 복현으로 된 여덟 줄 우쿨렐레도 있습니다.

우쿨렐레 구조

우쿨렐레 종류

- 우쿨렐레의 바디(Body) 뒷 부분을 오른쪽 가슴에 대고, 오른팔 안쪽으로 악기의 아랫 부분을 가볍게 눌러 고정시킵니다. 그리고 우쿨렐레의 헤드가 약간 위로 향하도록 잡습니다.
- 오른손 손가락은 사운드 홀과 12프렛 사이에 위치하도록 합니다.
- 왼손 엄지손가락을 넥의 뒤쪽 중간에 위치시키고, 손목을 바깥쪽 아래로 내밀어 손가락들이 충분히 벌어지도록 합니다.
- 왼손 손가락이 줄과 평행하도록 가지런히 위치시키고, 음을 누를 때는 손가락을 세워 손가락 끝으로 프렛 가까이 누릅니다.

❖ 손가락번호

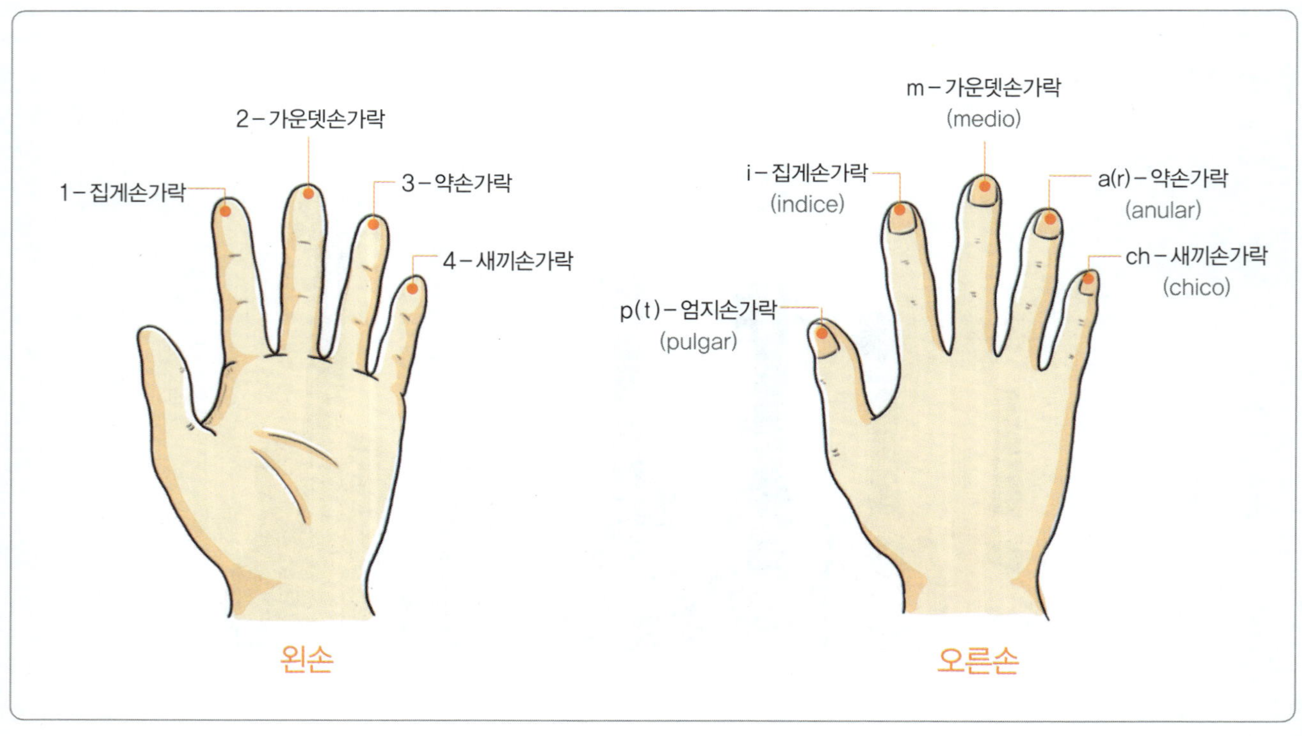

❖ 우쿨렐레 지판의 음정

우쿨렐레는 네 줄로 되어 있으며 얇은 줄부터 ①번 줄입니다.

TIP 음정 관계

우쿨렐레의 한 프렛(Fret)은 반음으로 되어 있습니다(미–파, 시–도 사이는 반음, 그 외에는 온음).

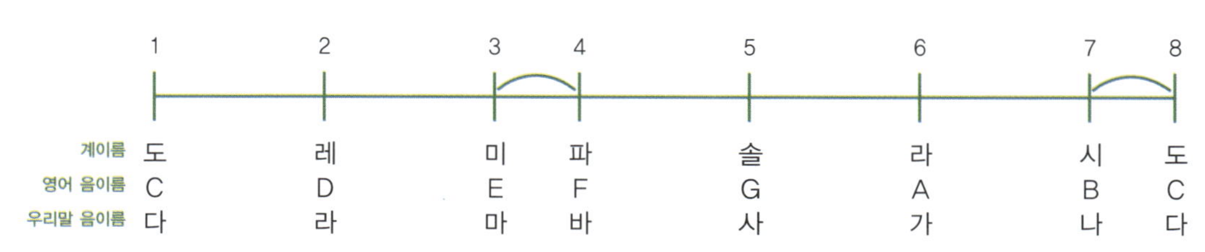

♯(올림표)일 때는 – 오른쪽으로 1프렛 이동

♭(내림표)일 때는 – 왼쪽으로 1프렛 이동

♮(제자리표)일 때는 – 원래의 자리로 이동

❖ Low-G 포지션 음정

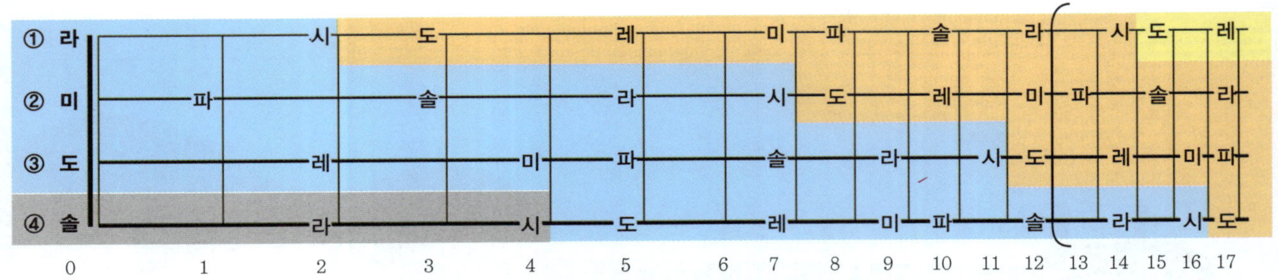

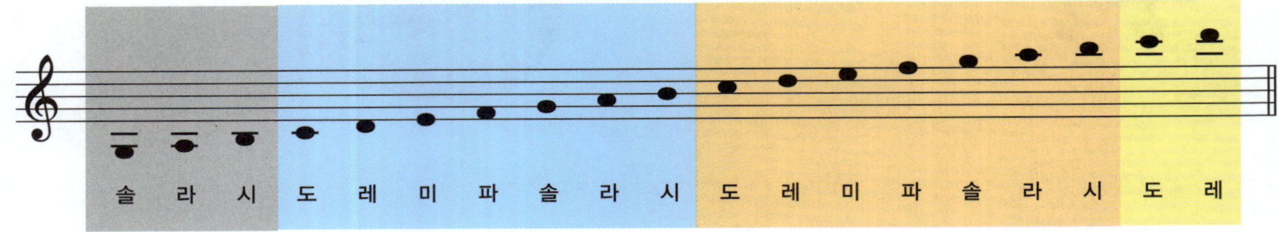

❖ High-G 포지션 음정

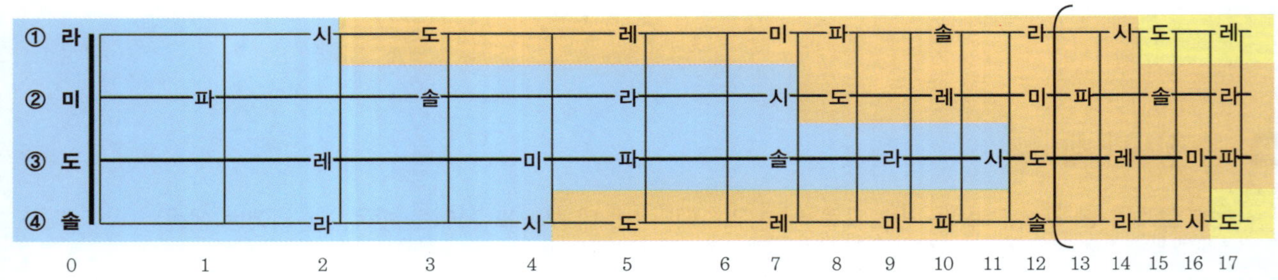

❖ 우쿨렐레 튜닝

각 줄의 음을 정확한 높이의 음정으로 맞추는 것을 튜닝(조율)이라고 합니다. 개방현을 사용하여 튜닝하는 방법을 익혀봅시다.

우쿨렐레의 개방현은 ④번 줄부터 순서대로 '솔·도·미·라'의 음높이로 맞춥니다. 전자튜너로 각 음을 맞추거나 피아노 같은 악기와 맞출 수 있는데, 줄에 맞는 음이 되도록 튜닝 페그를 돌려서 음을 맞춥니다. 맞추려고 하는 음을 허밍으로 노래하면서 맞추면 음 높이를 알기 쉽습니다.

쉽고 정확하게 맞추려면 우쿨렐레 조율기능(U표시)이 있는 전자튜너(조율기)를 사용하는 것이 좋습니다.

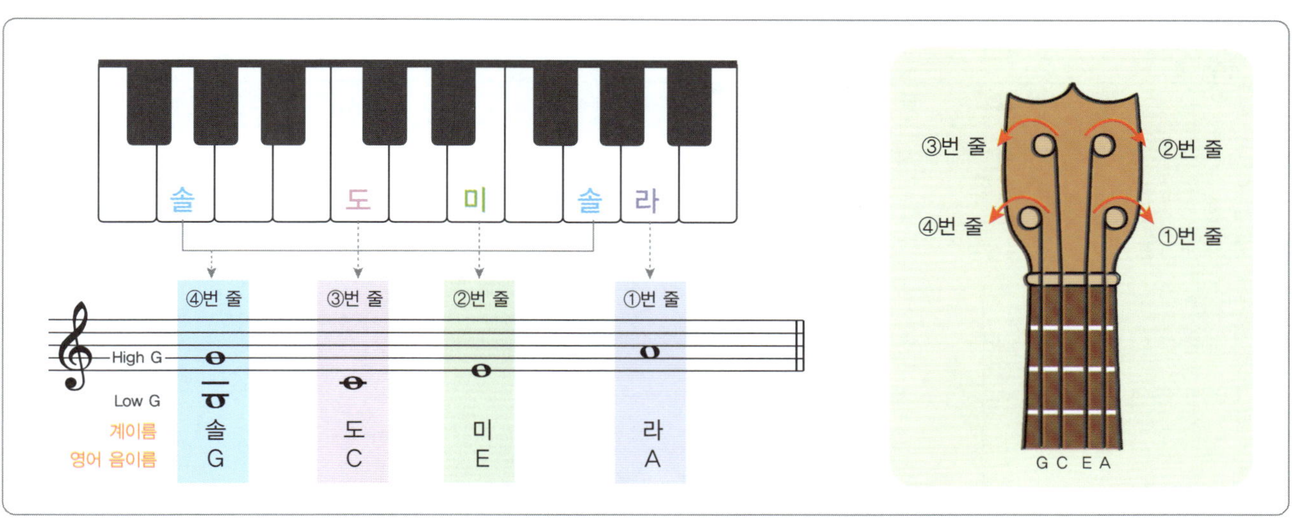

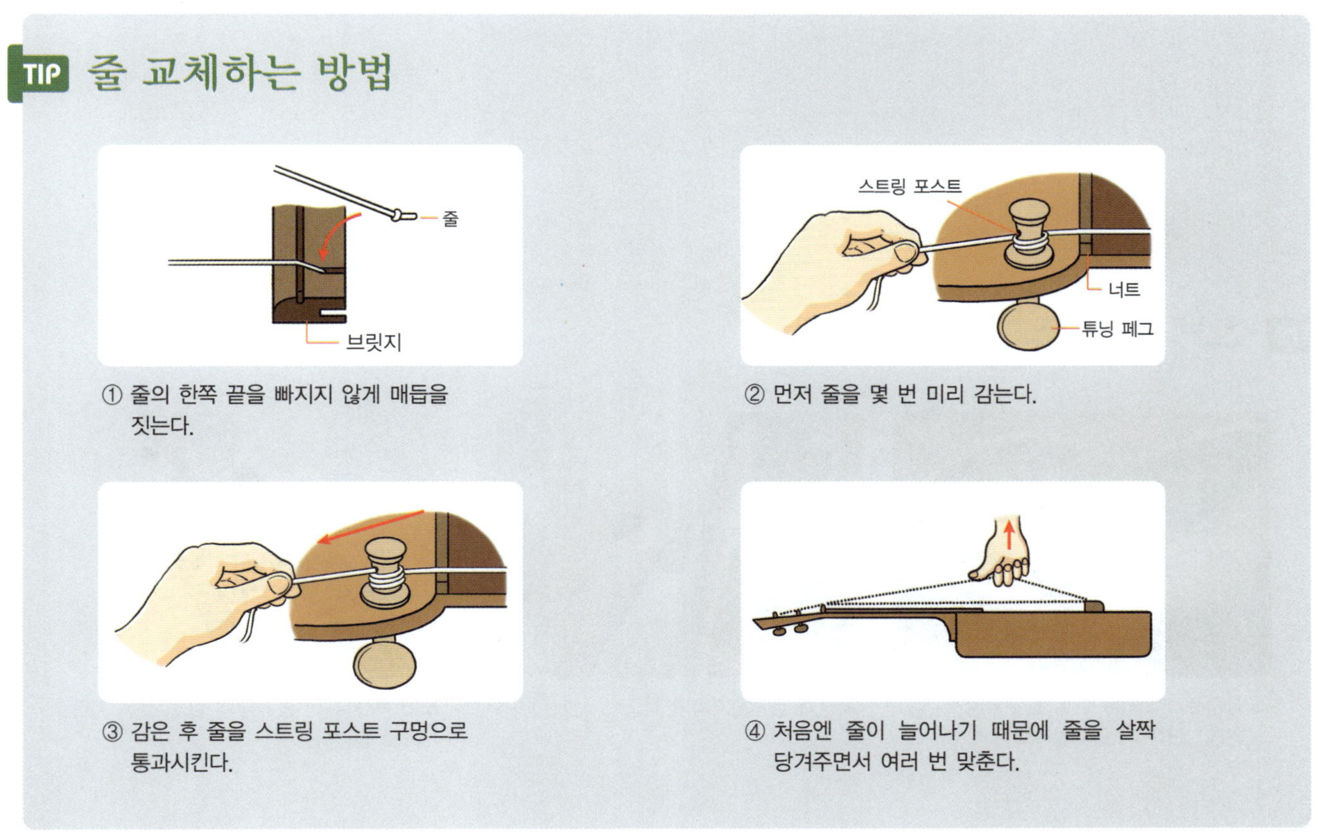
TIP 줄 교체하는 방법

❖ 포지션별 스케일 연습

멜로디를 지판에서 질서있고 고르게 사용하는 연습입니다. 포지션별로 손가락을 누르는 위치가 달라지는데,
왼손 1번손가락이 어느 프렛에서 시작하느냐에 따라 1포지션, 5포지션, 7포지션 등의 명칭으로 불립니다.
여러 포지션이 있지만 그 중에서 가장 기본적인 포지션들을 살펴보겠습니다.

▌1포지션 – 집게손가락이 1프렛부터 시작

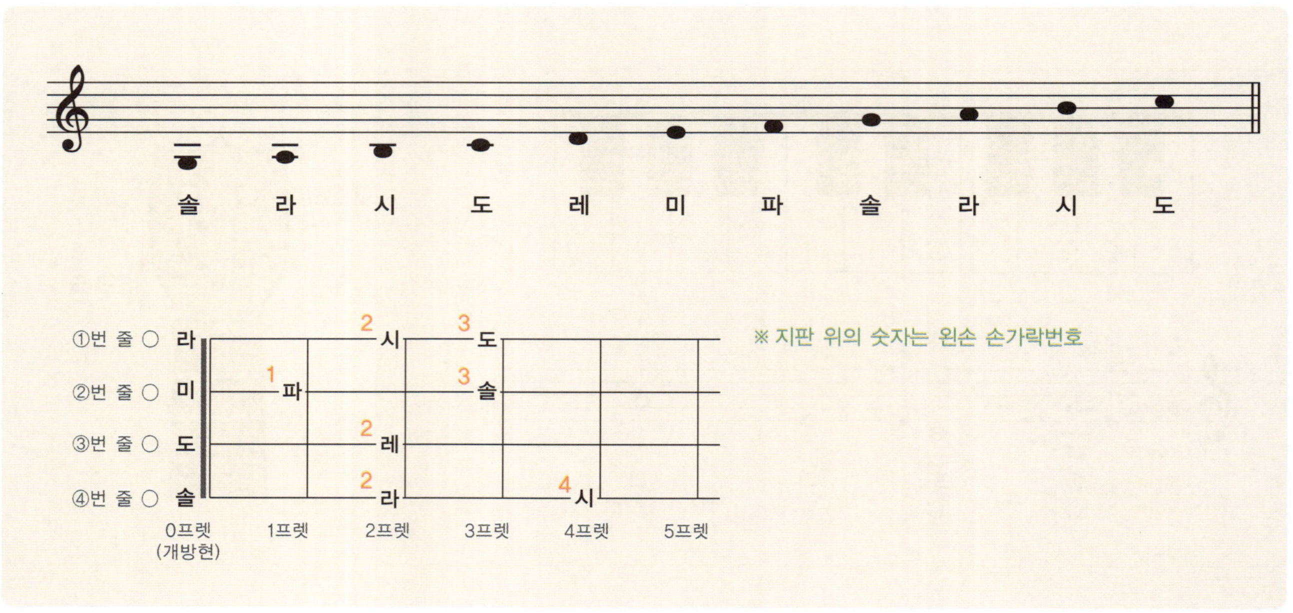

TIP 스케일(멜로디) 연주 자세

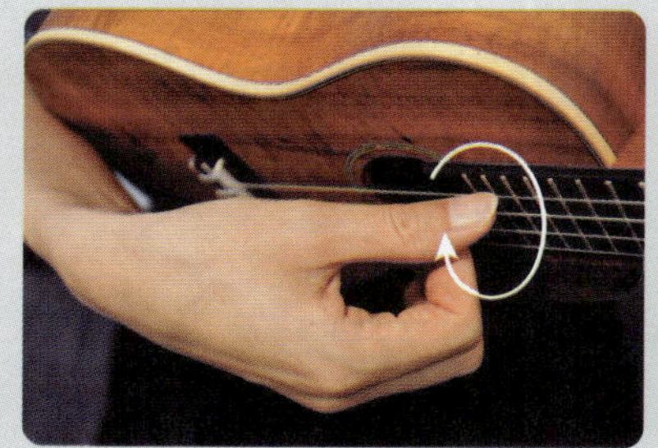

▲ 엄지손가락(P)은 관절을 구부리지 않고 원을 그리듯이 연주합니다.

▲ 줄과 엄지손가락의 각도

▲ 한 프렛당 한 손가락씩 짚는 것을 기본으로 합니다.

▌4~5포지션 – 집게손가락이 4~5프렛부터 시작

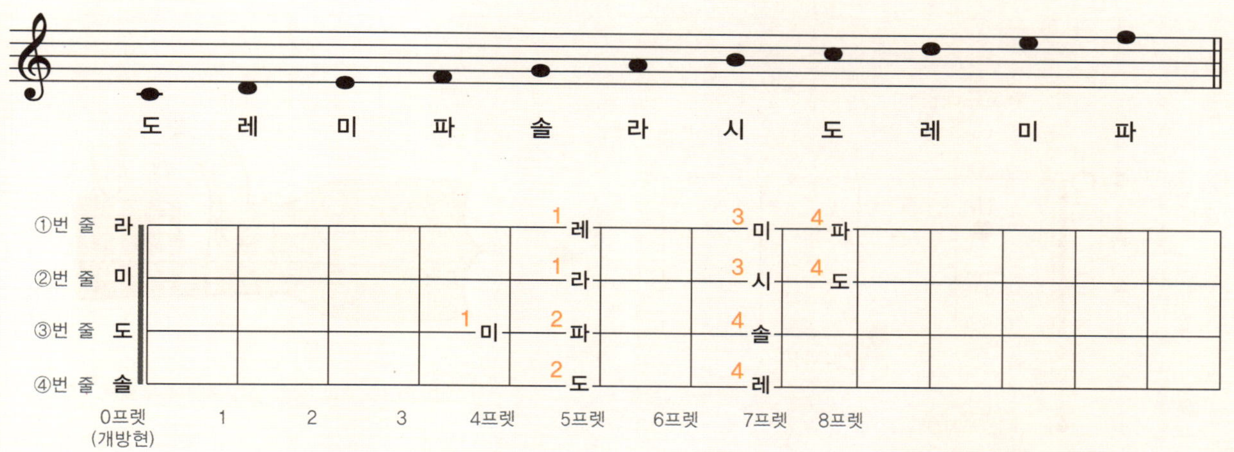

▌7포지션 – 집게손가락이 7프렛부터 시작

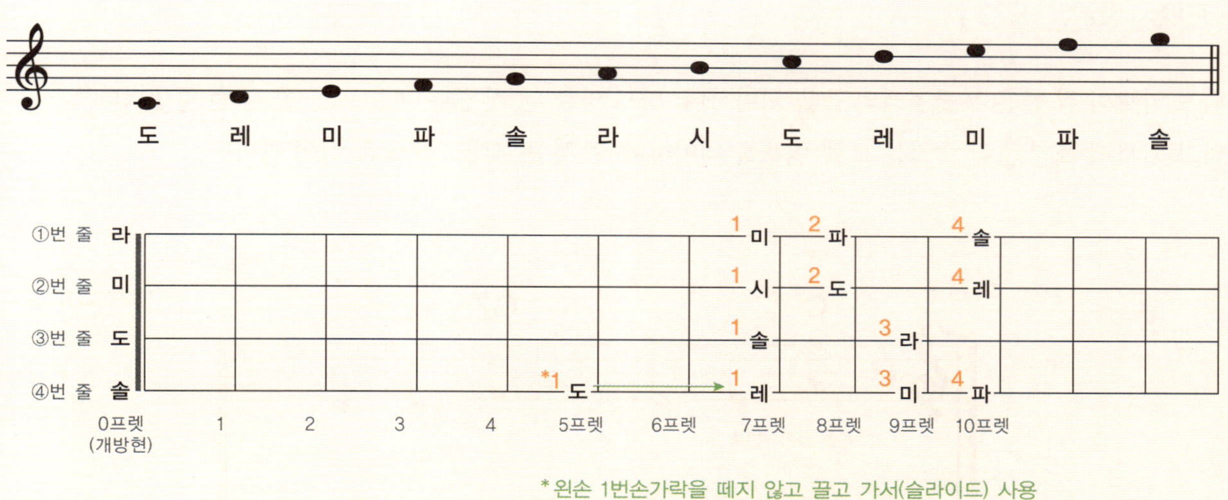

▌2옥타브 스케일 연습 – 1옥타브를 넘어가는 멜로디를 연주할 때 사용할 수 있는 운지표

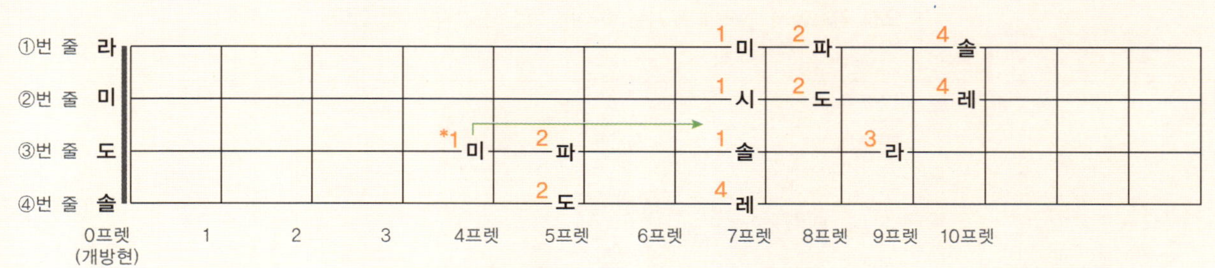

❖ 코드표 읽기

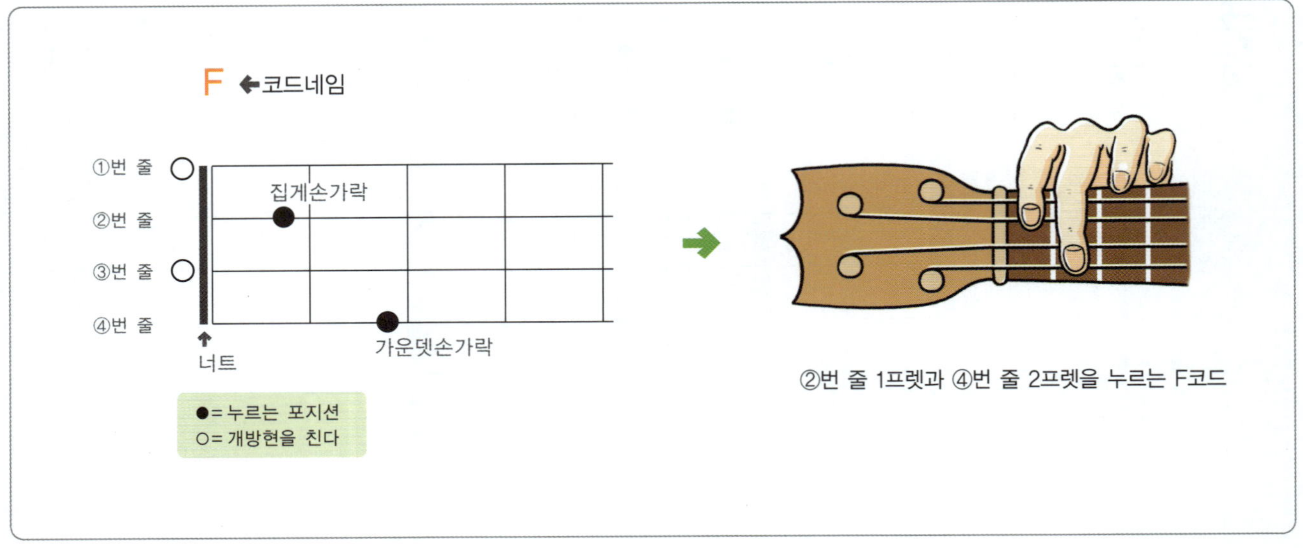

❖ 타브 악보 읽기

- 타브 악보의 각 줄은 우쿨렐레의 줄을 의미하며, 타브 악보 맨 윗 줄부터 ①, ②, ③, ④번 줄입니다.
- 타브 악보에 표기된 각 숫자는 프렛 번호를 의미하며, 프렛 번호대로 왼손을 짚어 줍니다.

❖ 코드 반주

코드를 이용한 오른손 반주법

스트로크(Stroke)

스트럼(Strum)이라고도 하며, 주로 i(집게손가락)로 손목의 스냅을 이용하여 네 줄을 가볍게 칩니다.
p(엄지)를 사용하여 부드럽게 다운 스트로크 할 수도 있습니다.

- ⊓(Down Stroke) – ④번 줄에서 ①번 줄 방향으로
- ∨(Up Stroke) – ①번 줄에서 ④번 줄 방향으로

아르페지오

분산화음 또는 펼침화음이라고도 하며, 오른손 손가락으로 화음을 이루는 각 줄을 연속해서 순차적으로
연주합니다.

왼손 코드 연습

코드를 짚을 때는 가능한 왼손 손가락들을 세워서 손가락 끝으로 프렛 가까운 부분을 누르도록 합니다. 그래야
힘이 덜 들고, 정확한 음을 소리 내기에 좋습니다. 그리고 코드를 바꿀 때(코드 전환)는 가능한 손가락의 움직임
을 적게 합니다.

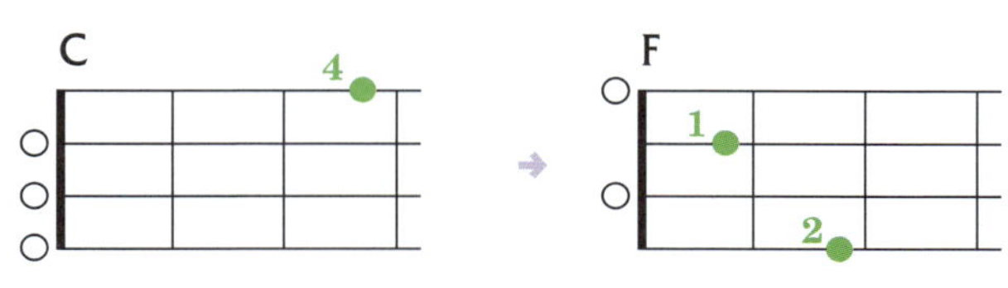

C코드에서 F코드로 바꿀 때

C코드를 3번손가락보다 4번손가락으로 짚으면 F코드로
바꾸기가 편합니다. 이처럼 코드를 바꿀 때 손가락 사이
거리가 여유있도록, 예비하고 있던 다른 손가락으로 짚
는 것이 포인트입니다.

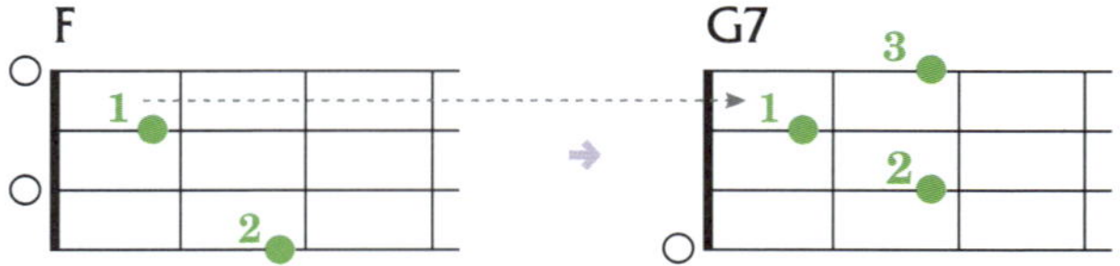

F코드에서 G7코드로 바꿀 때

공통인 1번손가락은 떼지않고 계속 누르고 나머지 손가
락만 바꾸어 줍니다. 즉, 코드를 바꿀 때 같은 자리를 누
르는 손가락은 떼지 않아도 됩니다.

✣ 반주를 위한 스트로크 패턴

박자	스트로크(스트럼)	아르페지오
3/4박자	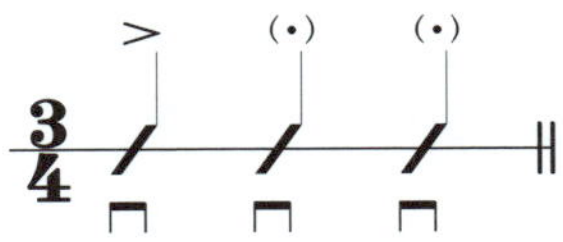	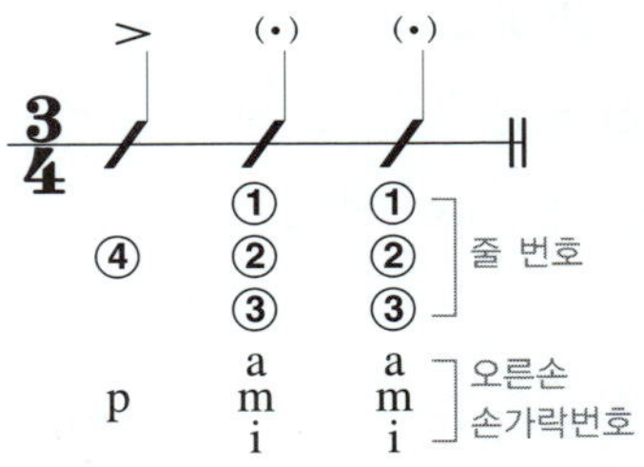 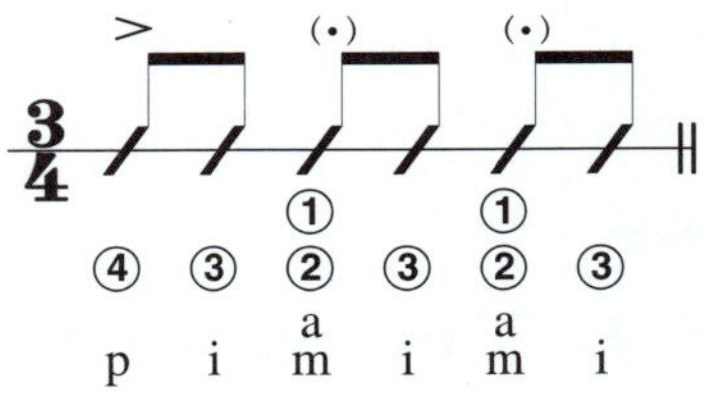
6/8박자	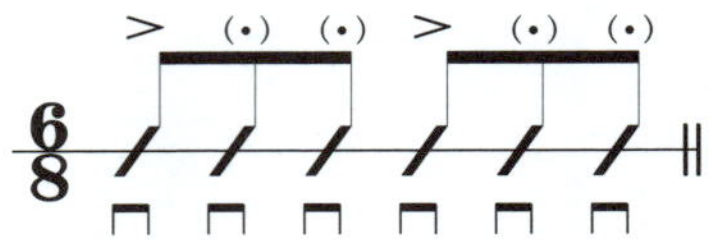	※ 일반적인 6/8박자 아르페지오 패턴 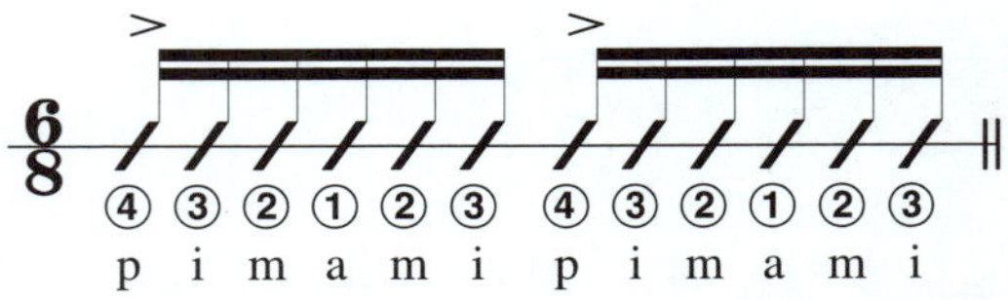
4/4박자 느린곡 (8Beat)	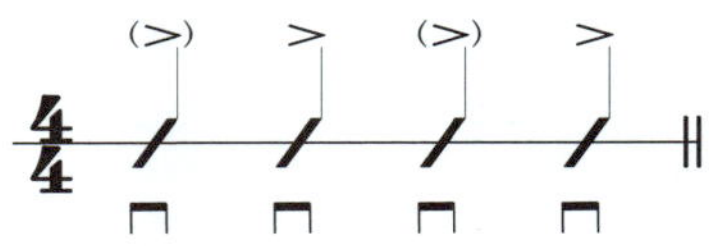 (4Beat) 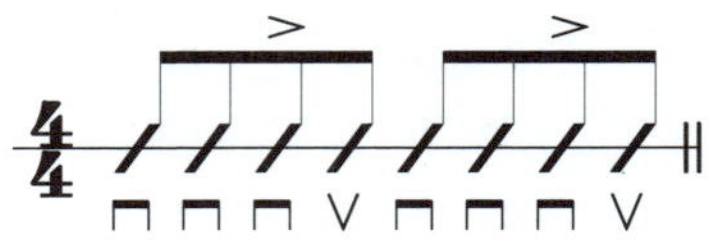	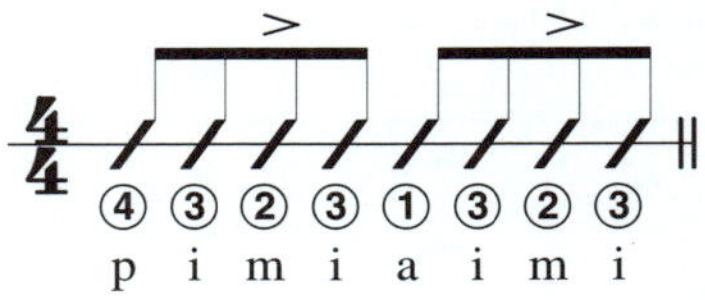 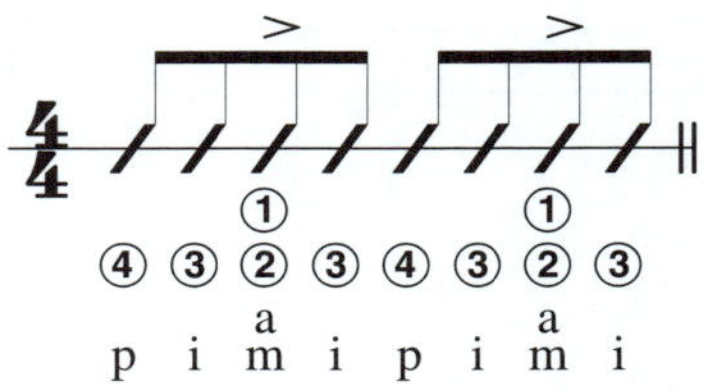 ※ 한 마디에 코드가 두 개일 때
4/4박자 빠른곡 (8Beat)	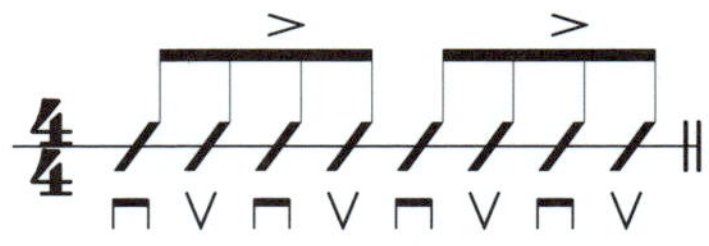	

박자	스트로크(스트럼)	아르페지오
4/4박자 당김음 사용 (Calypso)	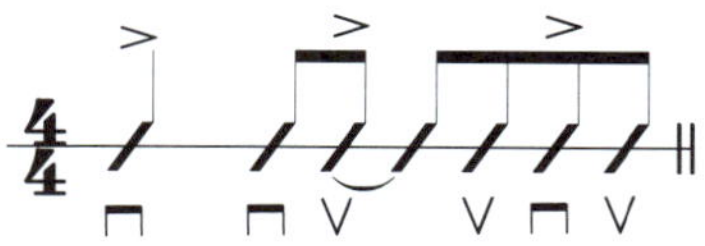	
4/4박자 셋잇단음 사용 (12Beat)	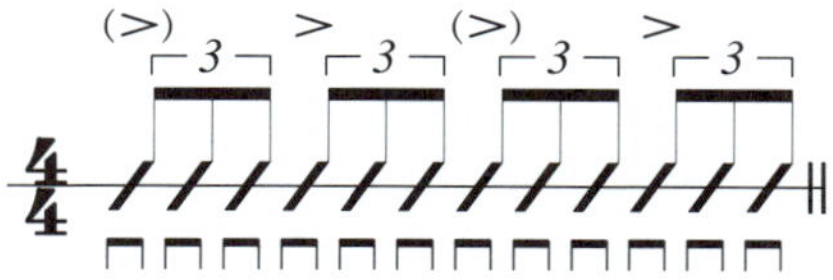 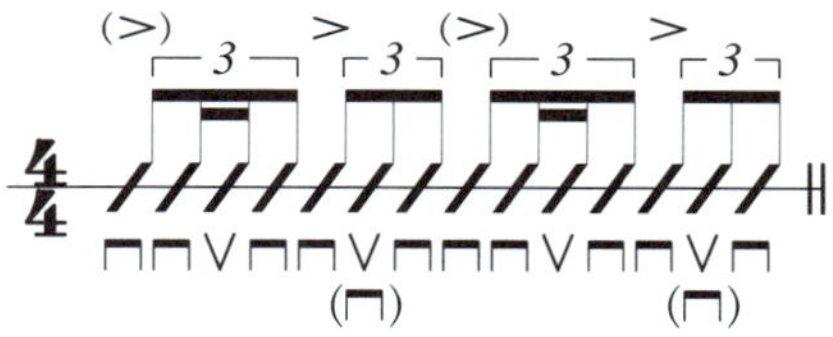	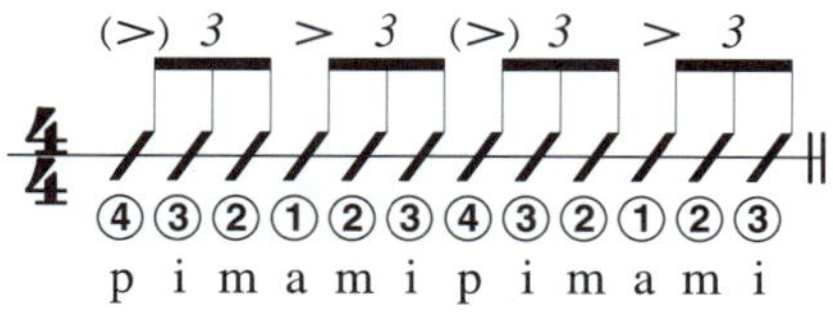
4/4박자 부점 사용 (Bounce, Shuffle, Swing)	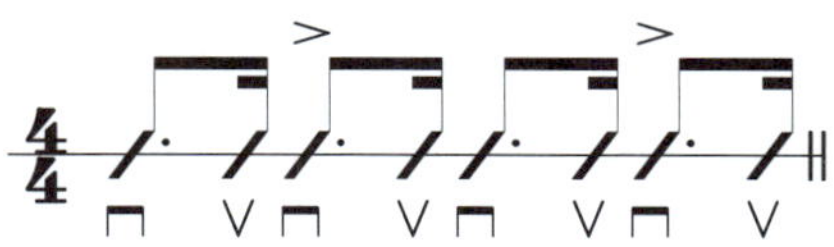 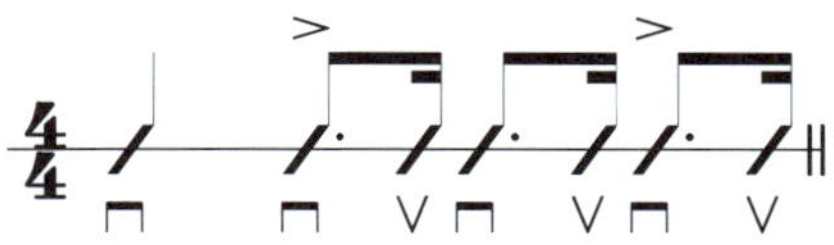	
4/4박자 16분음표 사용 (16Beat)	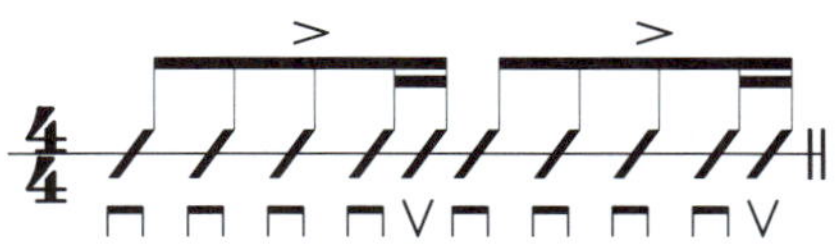 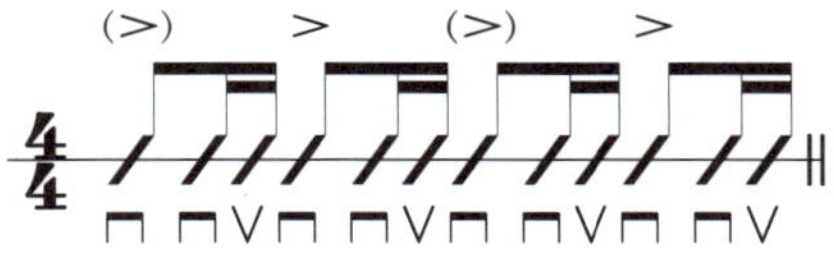 	

❖ 우쿨렐레의 여러 가지 주법

▌롤 스트로크(Roll Stroke)

오른손 손가락 4개(ch, a, m, i) 또는 엄지를 포함한 5개 손가락을 사용하여 줄을 고르게 스트로크 하는데, 각 손가락을 ④번 줄에 수평으로 가지런하게 위치시킨 후 새끼손가락부터 차례대로 훑어내려서 소리가 순차적으로 일정하게 이어서 나도록 연습합니다.

▌트리플 스트로크(Triple Stroke)

셋잇단음 연주 때 오른손 손가락을 특정한 패턴(i, p, i / ch, p, i / i, i, i)으로 스트로크하는 주법입니다.
셋잇단음에서 한 박 안의 세 음을 같은 길이로 연주하되 음이 부드럽게 이어지도록 연습합니다.

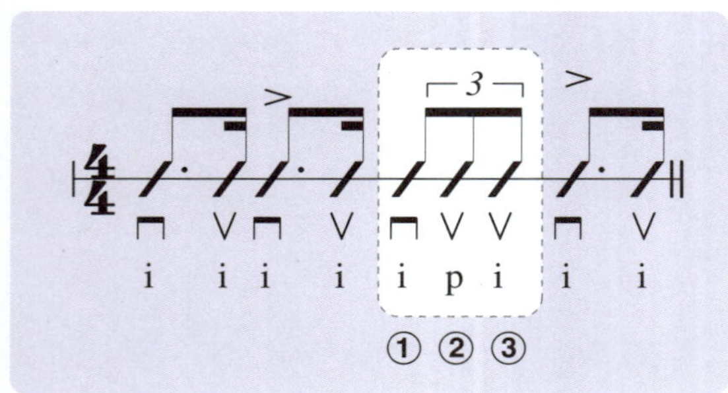

① 집게손가락(i)으로 다운 스트로크
② 엄지손가락(p)으로 업 스트로크
③ 다시 집게손가락(i)으로 업 스트로크

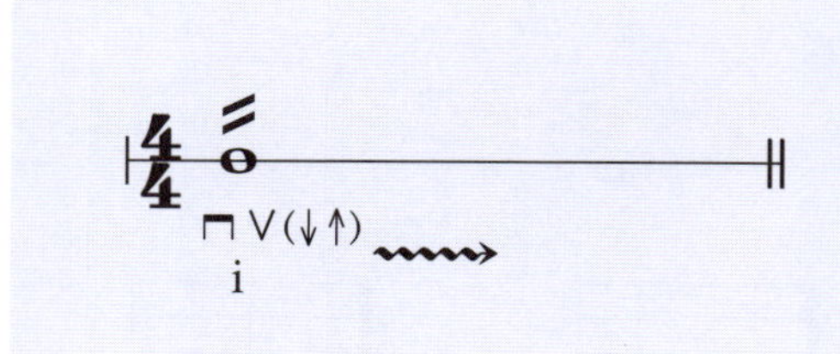

▍트레몰로 스트로크(Tremolo Stroke)

다운 스트로크와 업 스트로크를 연속해서 빠르고 일정하게 반복하는 주법입니다. 주로 곡을 마칠 때 사용하는데, 음을 길게 늘이며 끝낼 수 있습니다.

▍커팅(Cutting)

오른손 또는 왼손을 사용하여 음을 짧게 끊는 주법입니다. 왼손 1번손가락으로 각 줄 전체를 누르는 경우(바레 코드·세하 코드)에는 줄을 누르고 있던 손가락에 순간 힘을 빼서 음을 끊는 방법이 있습니다. 그러나 대부분 다운 스트로크하면서 오른손 손바닥을 줄에 대어 음을 끊는 주법을 사용합니다.

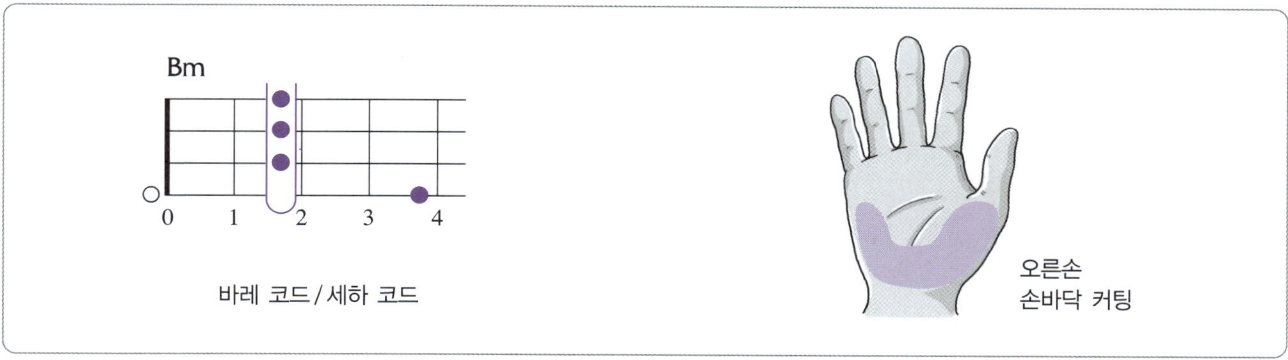

▍트레몰로(Tremolo)

오른손 손가락 p, a, m, i 또는 p, m, i의 순서로 엄지는 베이스음을 치고, 나머지 손가락들은 한 줄을 연속해서 치는 패턴의 주법으로 바이올린이나 첼로의 지속음과 같은 효과를 낼 수 있습니다.

❖ 우쿨렐레 코드표

C
C CM7 C7 Caug
Cm Cm7 Cm7⁻⁵ Cdim
C♯ = D♭
C♯ C♯M7 C♯7 C♯aug
C♯m C♯m7 C♯m7⁻⁵ C♯dim
D
D DM7 D7 Daug
Dm Dm7 Dm7⁻⁵ Ddim
E♭ = D♯
E♭ E♭M7 E♭7 E♭aug
E♭m E♭m7 E♭m7⁻⁵ E♭dim
E
E EM7 E7 Eaug
Em Em7 Em7⁻⁵ Edim
F
F FM7 F7 Faug
Fm Fm7 Fm7⁻⁵ Fdim

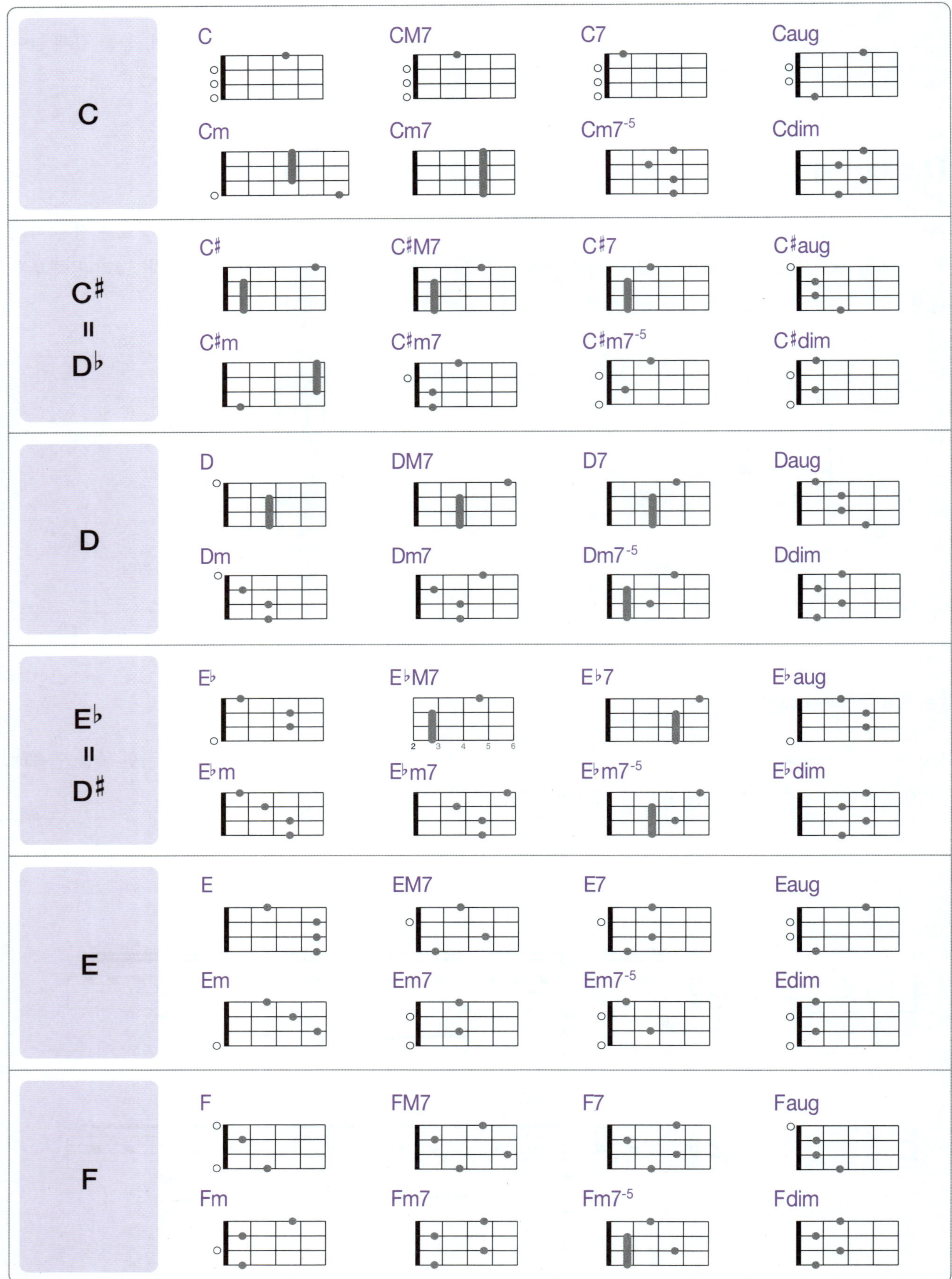

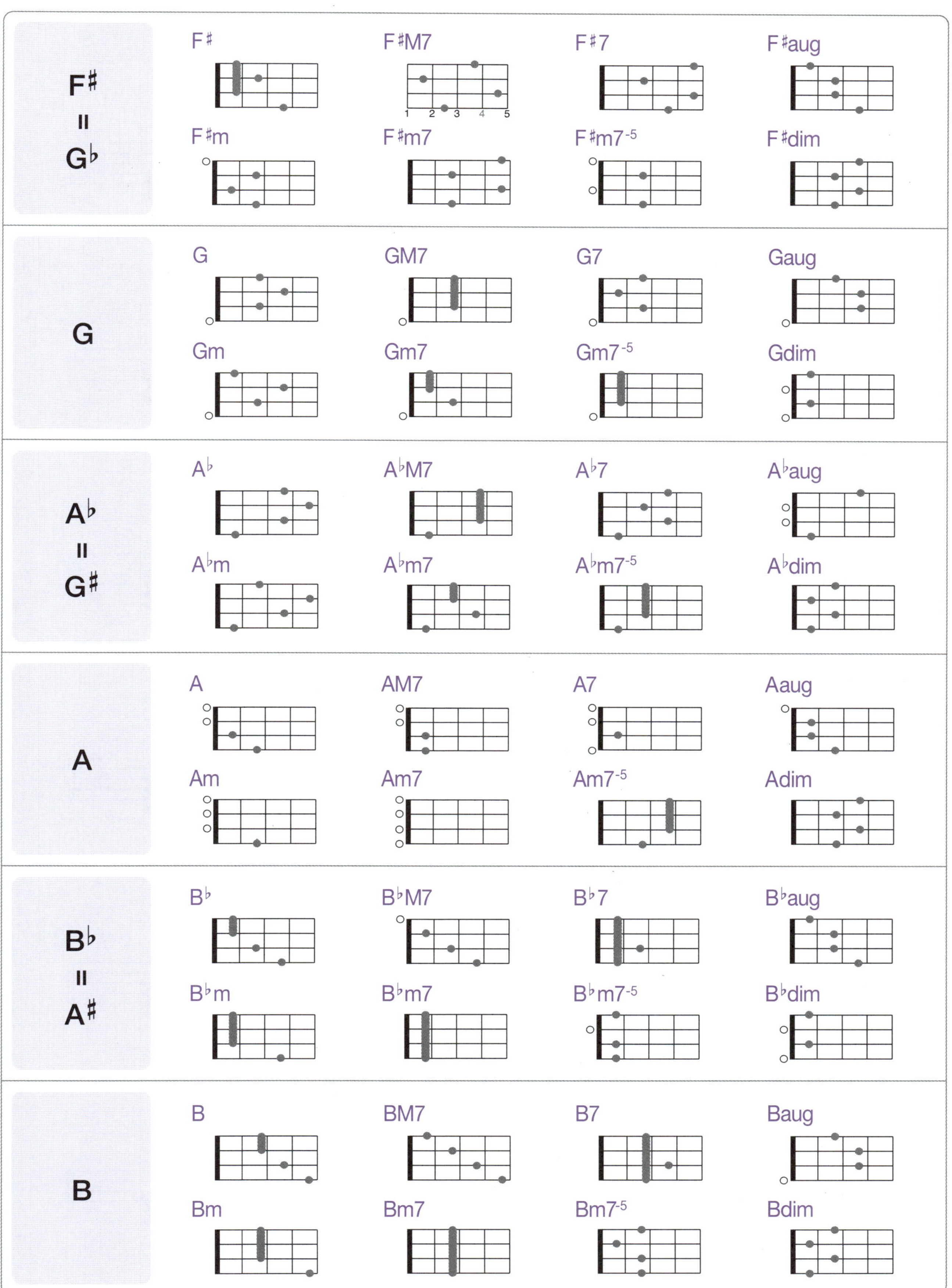
F#
=
G♭
F#   F#M7   F#7   F#aug
F#m   F#m7   F#m7-5   F#dim
1 2 3 4 5
G
G   GM7   G7   Gaug
Gm   Gm7   Gm7-5   Gdim
A♭
=
G#
A♭   A♭M7   A♭7   A♭aug
A♭m   A♭m7   A♭m7-5   A♭dim
A
A   AM7   A7   Aaug
Am   Am7   Am7-5   Adim
B♭
=
A#
B♭   B♭M7   B♭7   B♭aug
B♭m   B♭m7   B♭m7-5   B♭dim
B
B   BM7   B7   Baug
Bm   Bm7   Bm7-5   Bdim

❖ 코드 형식 (C Key)

코드 이름	표 기	악 보
Major Chord	C (시)	
Major 6th Chord	C6 (시 식스)	
Dominant 7th Chord	C7 (시 세븐)	
Major 7th Chord	CM7 (시 메이저 세븐)	
minor Chord	Cm (시 마이너)	
minor 6th Chord	Cm6 (시 마이너 식스)	

코드 이름	표 기	악 보
minor 7th Chord	Cm7 (시 마이너 세븐)	
minor Major 7th Chord	CmM7 (시 마이너 메이저 세븐)	
Diminished 7th Chord	Cdim7 (시 디미니쉬)	
Suspended 4th Chord	Csus4 (시 서스포)	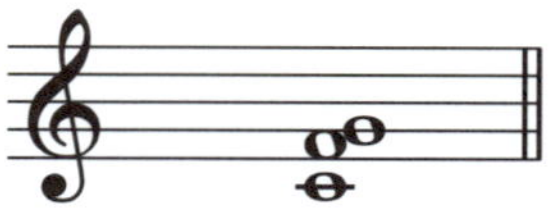
Augmented Chord	Caug (시 어그먼트)	
Dominant 7th Flatted Five Chord	C7-5 (시 세븐 플랫 파이브)	
minor 7th Flatted Five Chord	Cm7-5 (시 마이너 세븐 플랫 파이브)	

알로하 우쿨렐레

우쿨렐레 연주

나비야

한정동 작사 / 이흥렬 작곡

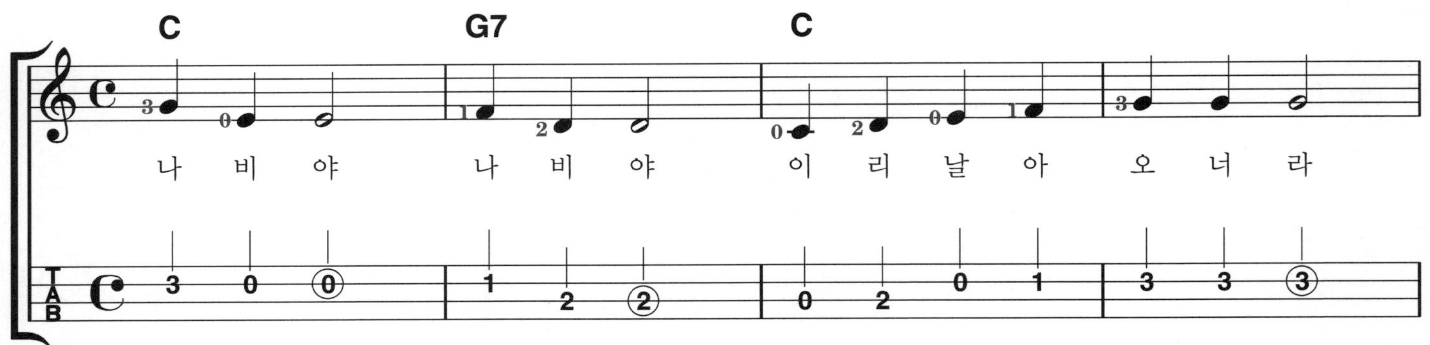

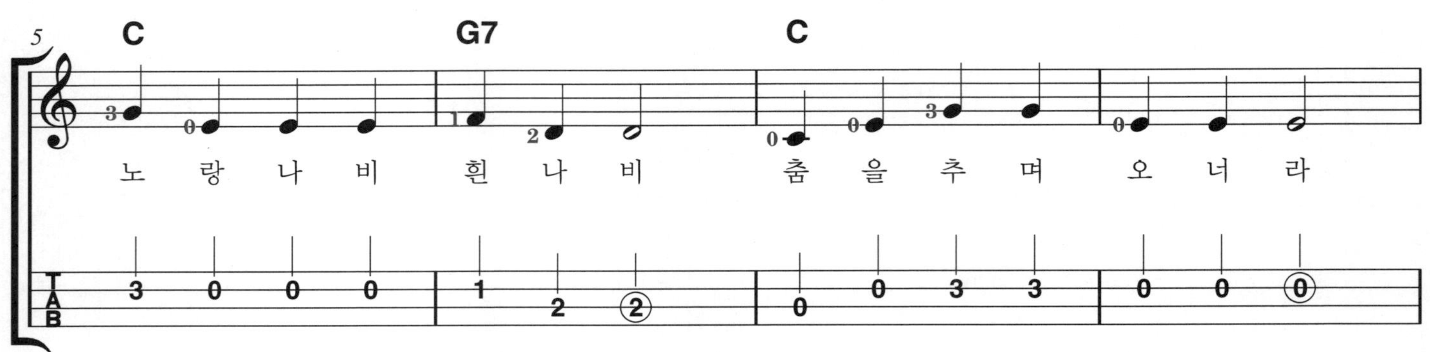

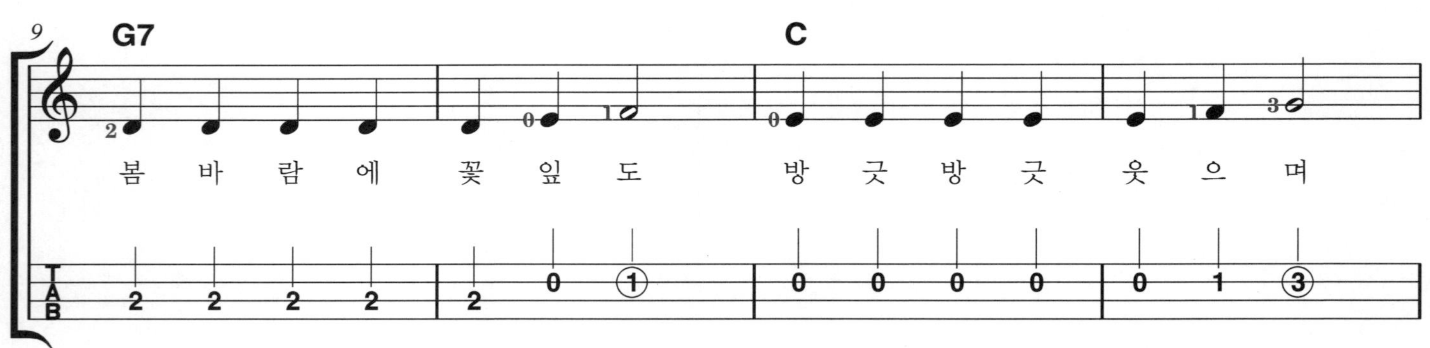

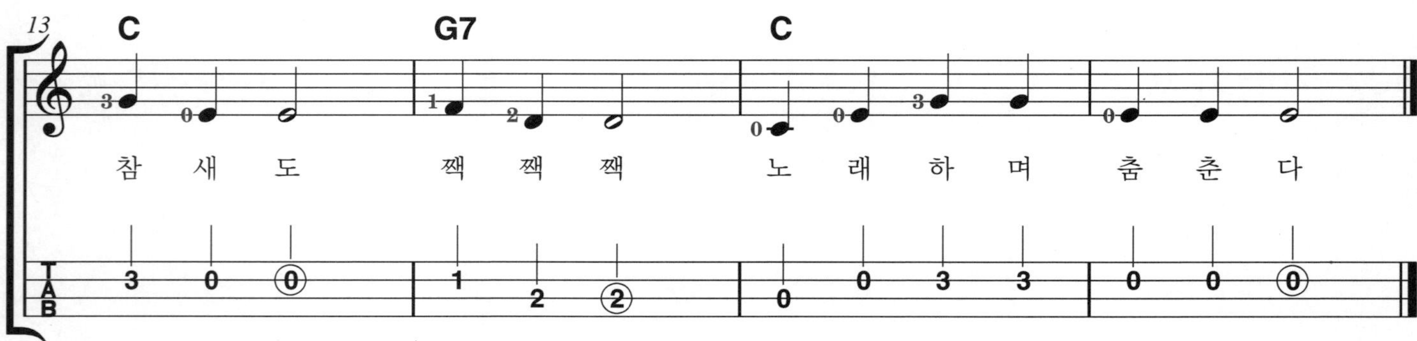

곰 세마리

C
곰 세 마 리 가 한 집 에 있 어 아 빠 곰 엄 마 곰 애 기 곰

C G(7) C G(7)
아 빠 곰 은 뚱 뚱 해 엄 마 곰 은 날 씬 해

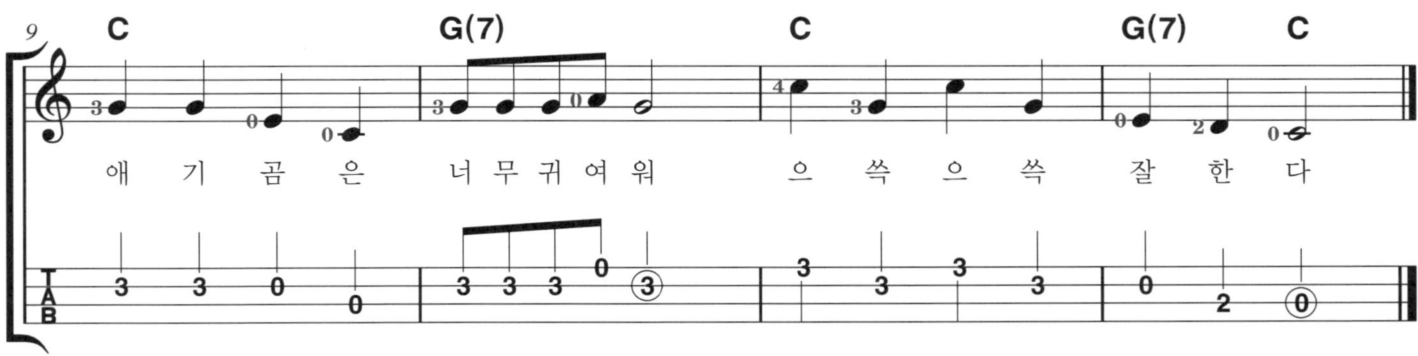

C G(7) C G(7) C
애 기 곰 은 너 무 귀 여 워 으 쓱 으 쓱 잘 한 다

올챙이와 개구리 윤현진 작사 · 작곡

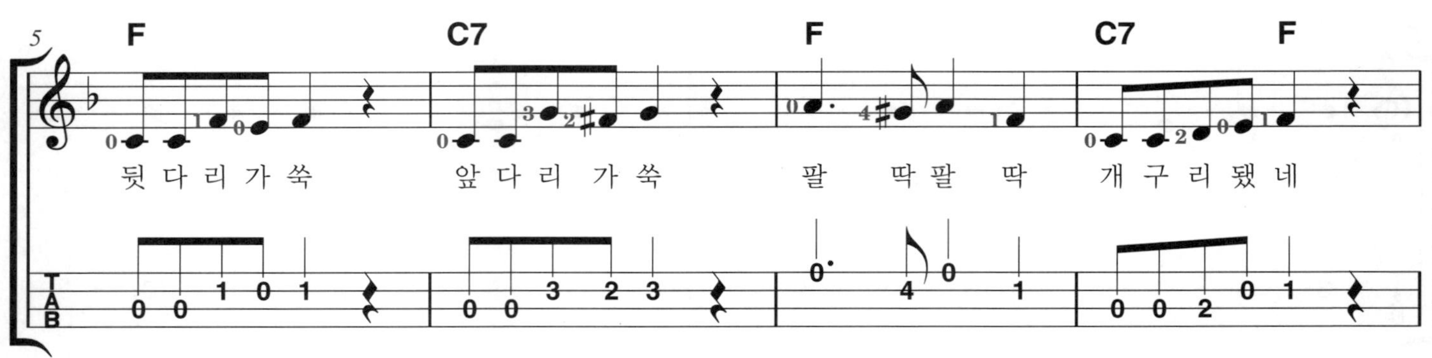

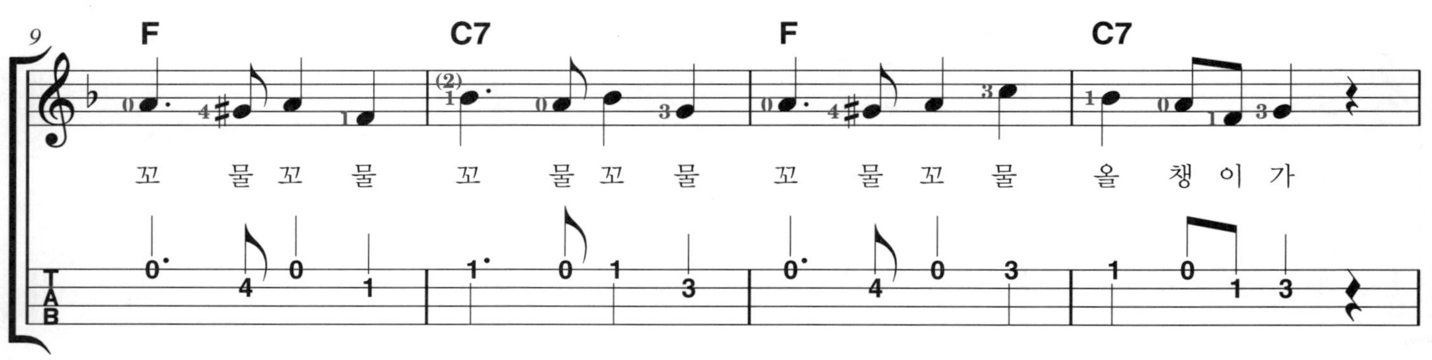

조개껍질 묶어

윤형주 작사 · 작곡

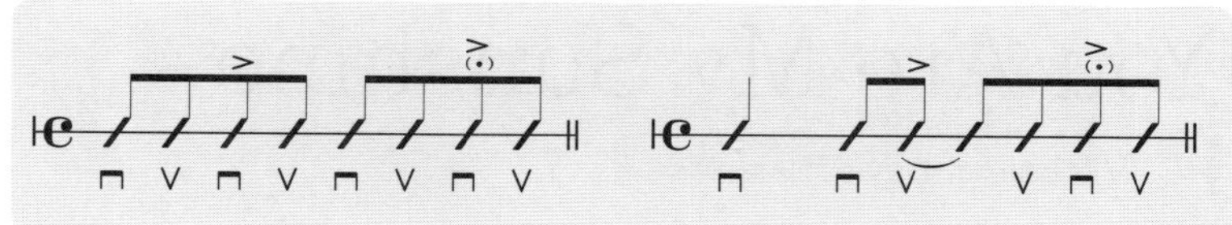

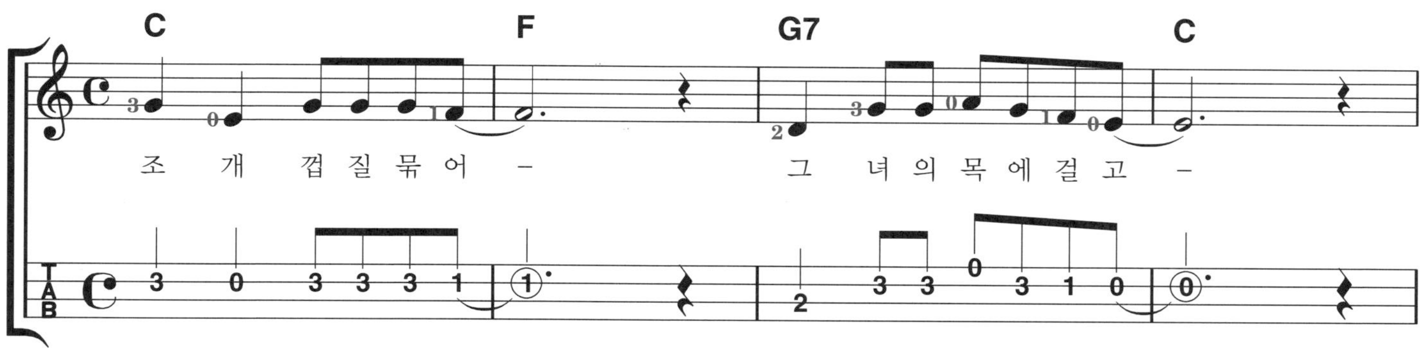

C F G7 C
조 개 껍 질 묶어 - 그 녀 의 목 에 걸 고 -

C F G7 C
불 가 에 마 주 앉 아 - 밤 새 속 삭 이 네 -

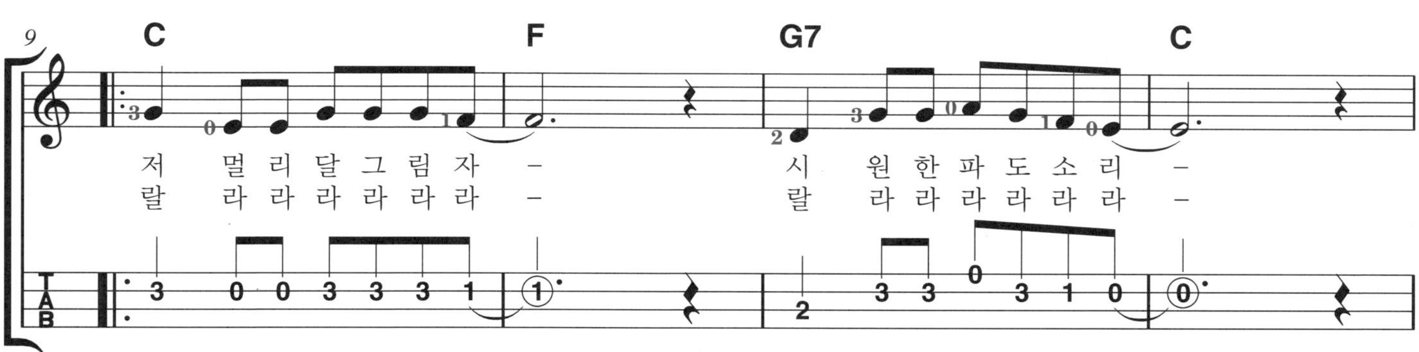

C F G7 C
저 멀 리 달 그 림 자 - 시 원 한 파 도 소 리 -
랄 라 라 라 라 라 라 - 랄 라 라 라 라 라 라 -

C F G7 C
여 름 밤 은 깊 어 만 가 고 잠 은 오 지 않 네 -
랄 랄 라 랄 라 랄 랄 라 라 랄 랄 라 라 라 라 -

You Are My Sunshine

C. Mitchell, J. David 작사 · 작곡

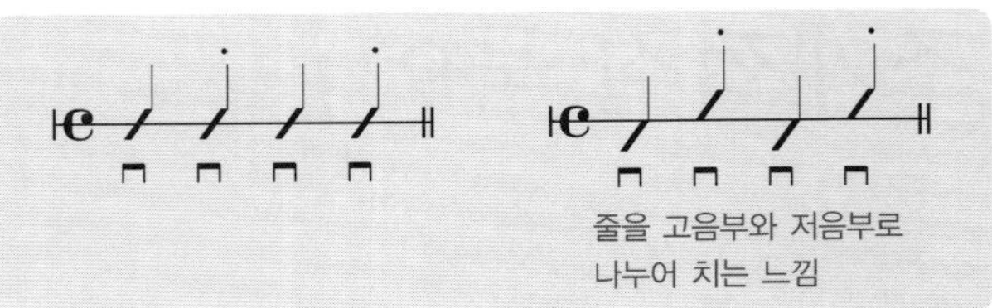

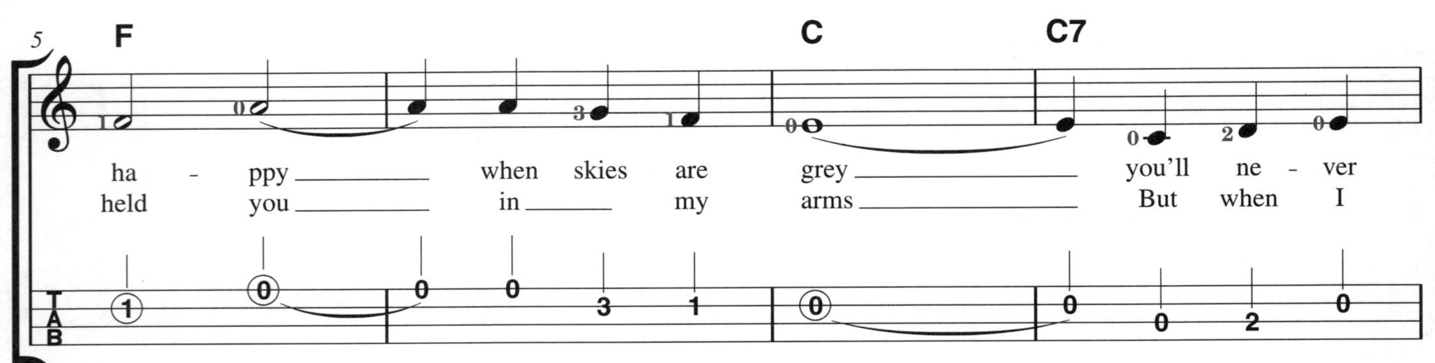

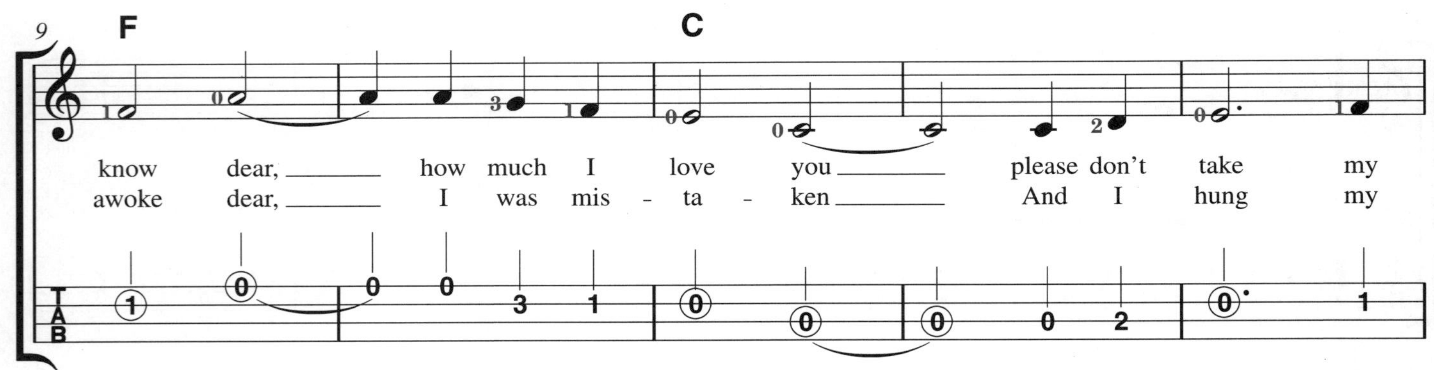

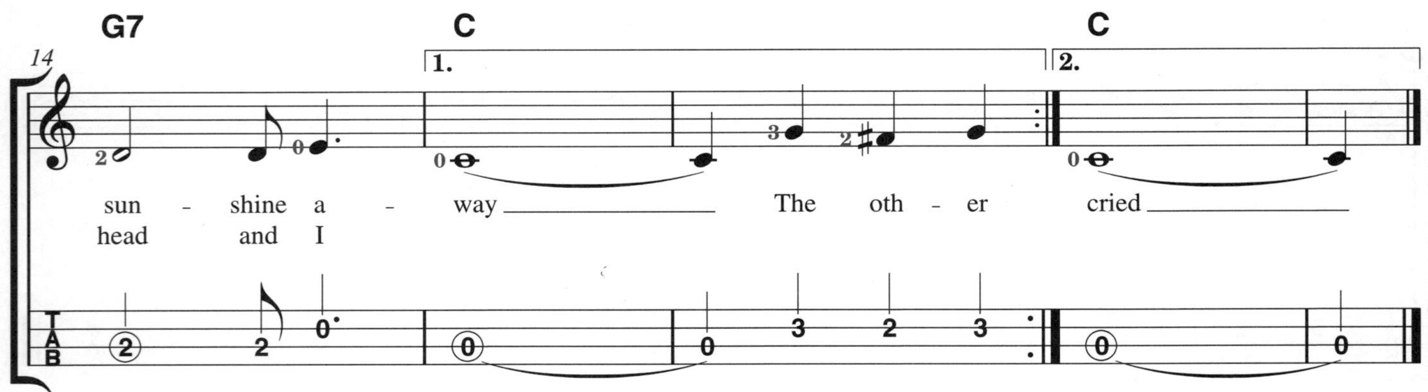

사랑해 | 오경운 작사 · 작곡

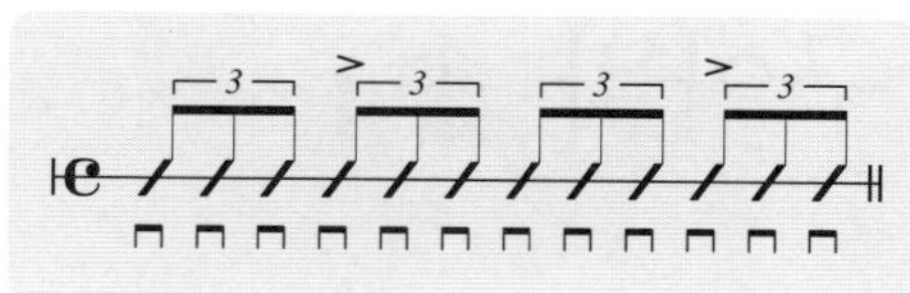

사랑해당신을 정말로사랑해 당신이내-곁을
멀리떠나버린 못잊을님-이여 당신이내-곁을

떠나간뒤--에 얼마나--눈물-을 흘렸는지모른다오
떠나간뒤--에 밤마다--그리는 보고싶은내사랑아

예 예 예 예예예 예 예 예 예예예 예 예 예 예예예 예 예 예 예예예

예 예 예 예예예 예 예 예 예예예 예 예 예 예예예 -

사 랑 해-- 당 신-을 정 말로 사 랑 해

구아바 송

김시환 작사 / 지성욱 작곡

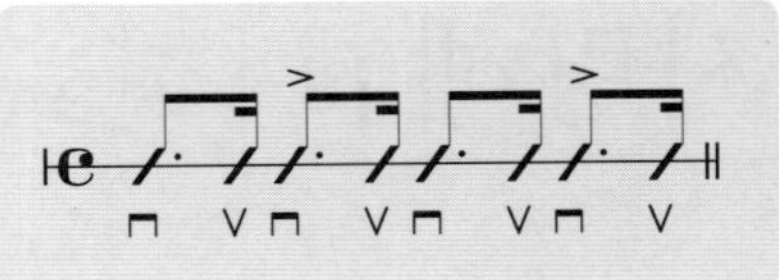

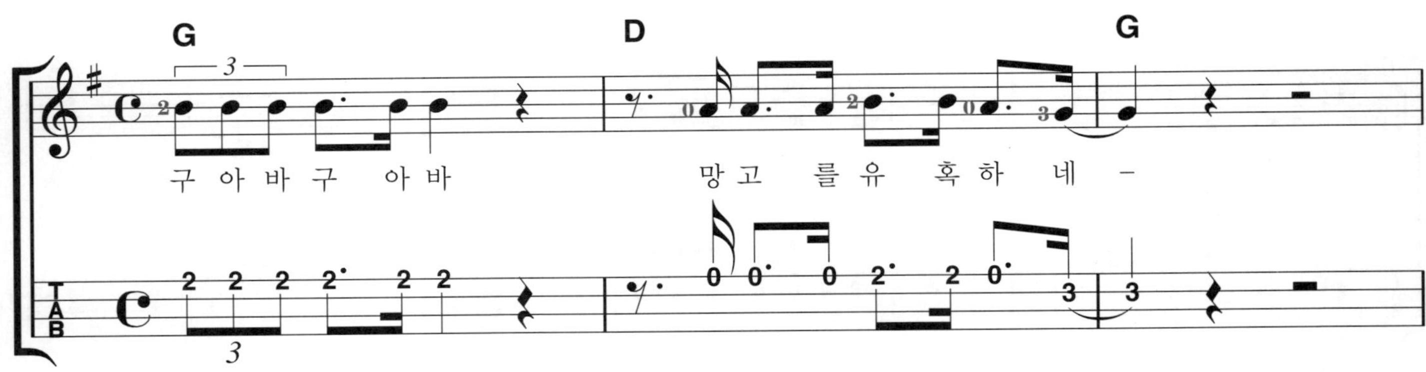

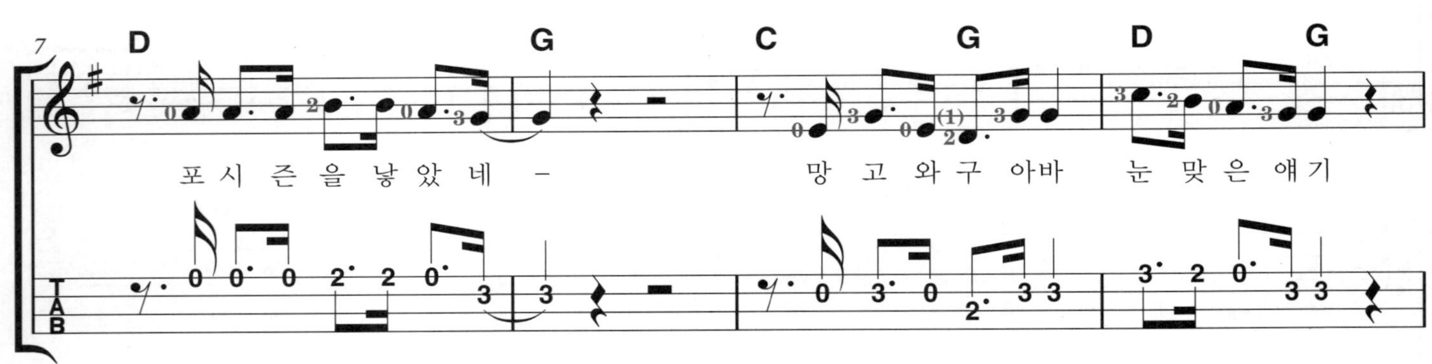

연가

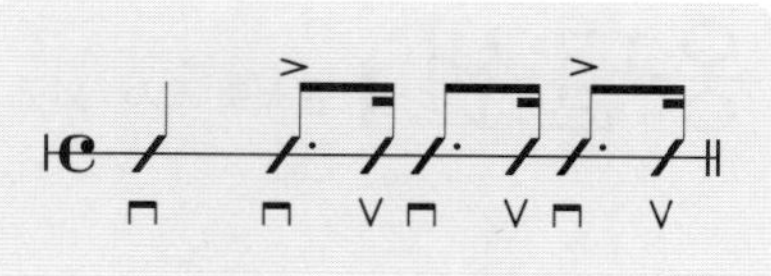

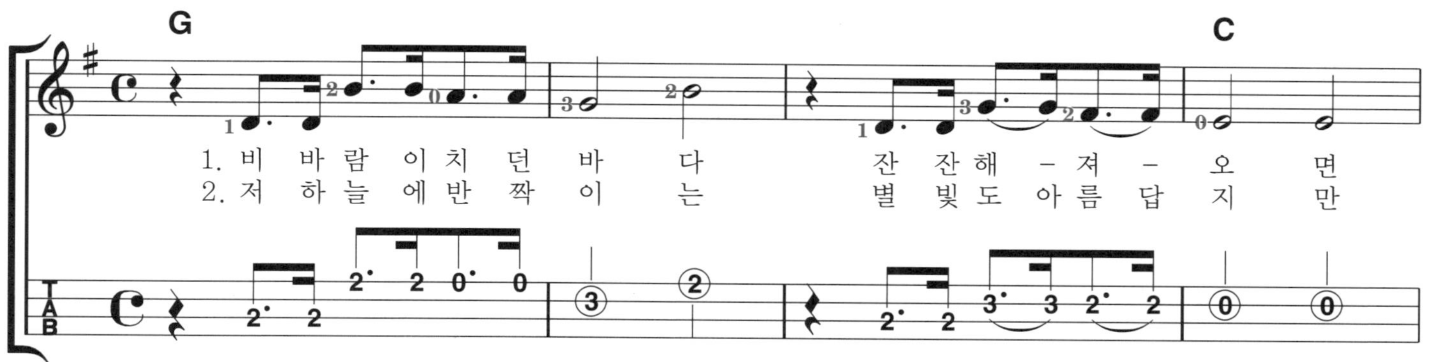

G
C
1. 비 바람 이 치 던 바 다 잔 잔 해 - 져 - 오 면
2. 저 하늘 에 반 짝 이 는 별 빛 도 아 름 답 지 만

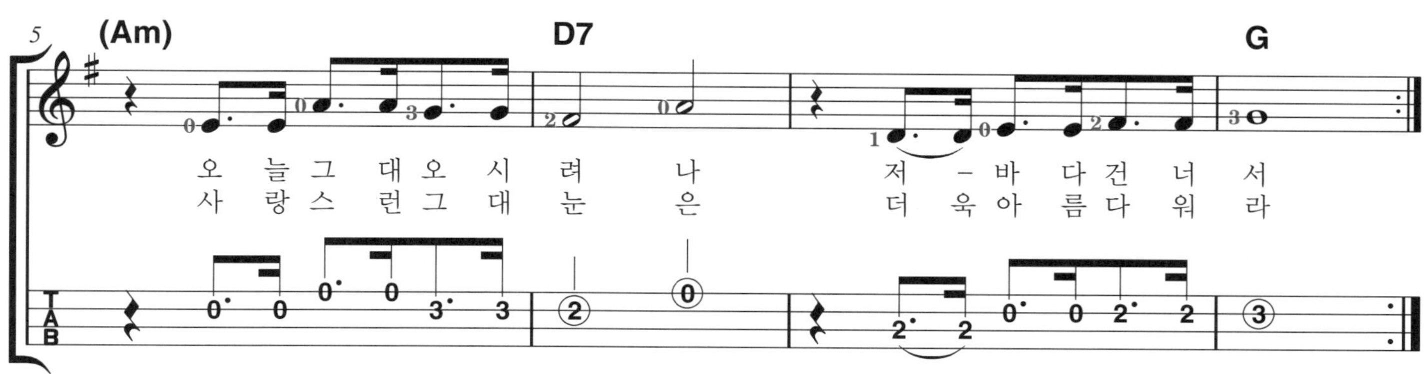

(Am)
D7
G
오 늘 그 대 오 시 려 나 저 - 바 다 건 너 서
사 랑 스 런 그 대 눈 은 더 욱 아 름 다 워 라

G
C
G
그 대 만 을 - 기 다 리 리 - 내 사 랑

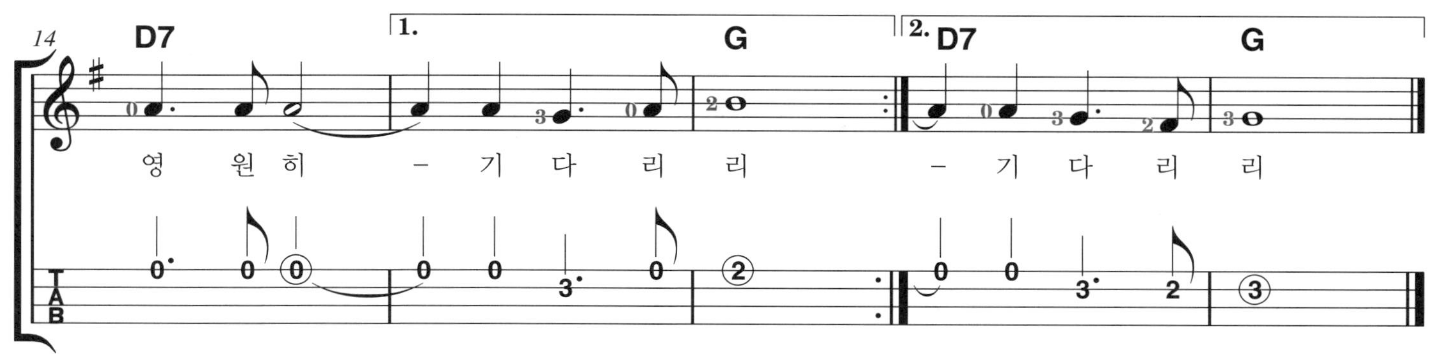

D7
1.
G
2. D7
G
영 원 히 - 기 다 리 리 - 기 다 리 리

옹달샘 윤석중 작사 / 외국 곡

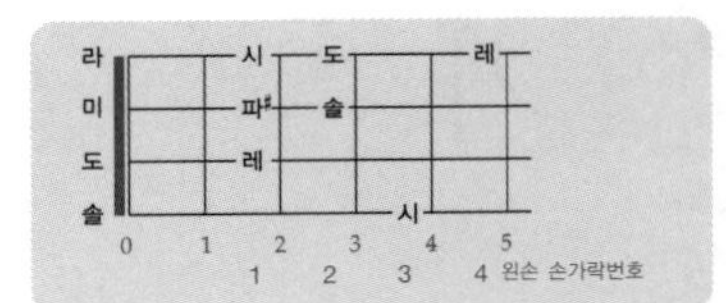

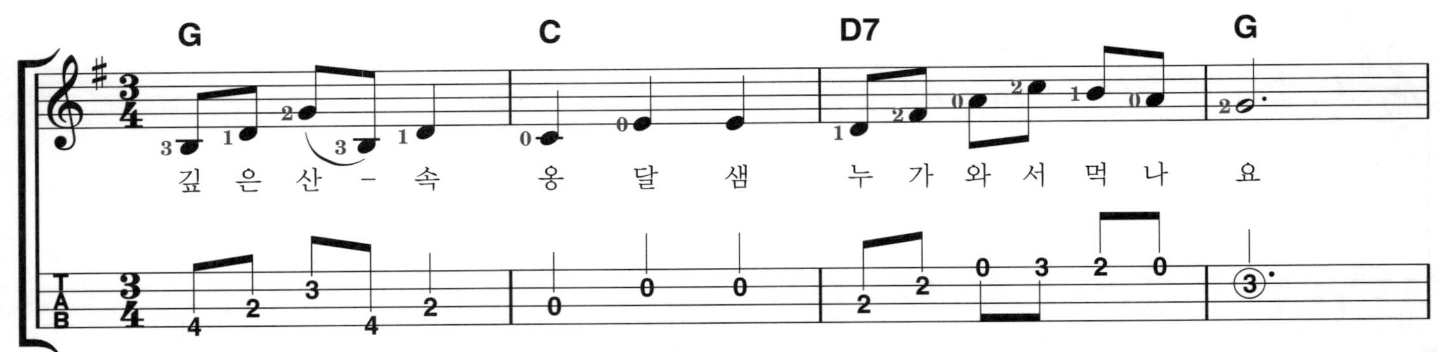

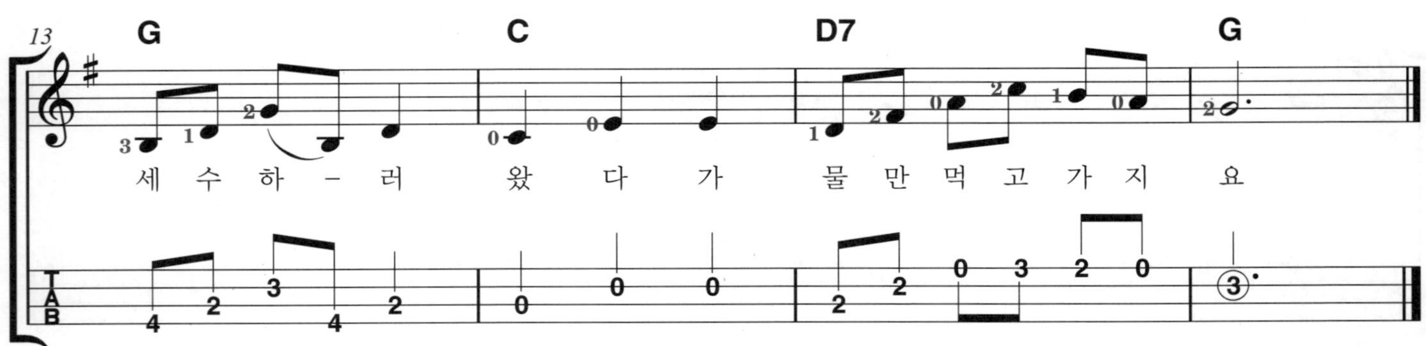

고향의 봄 이원수 작사 / 홍난파 작곡

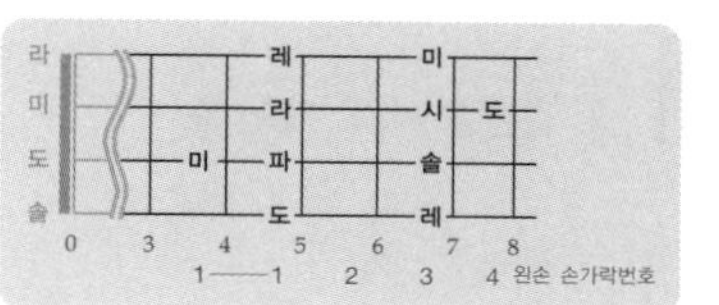
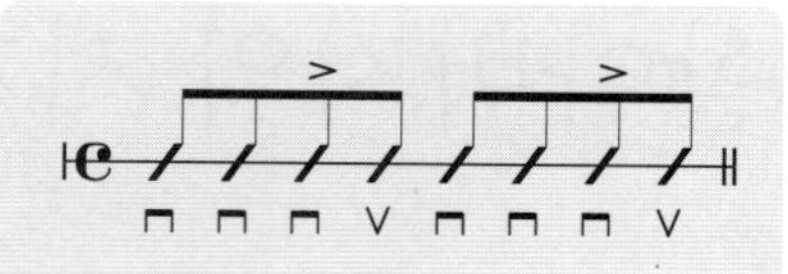

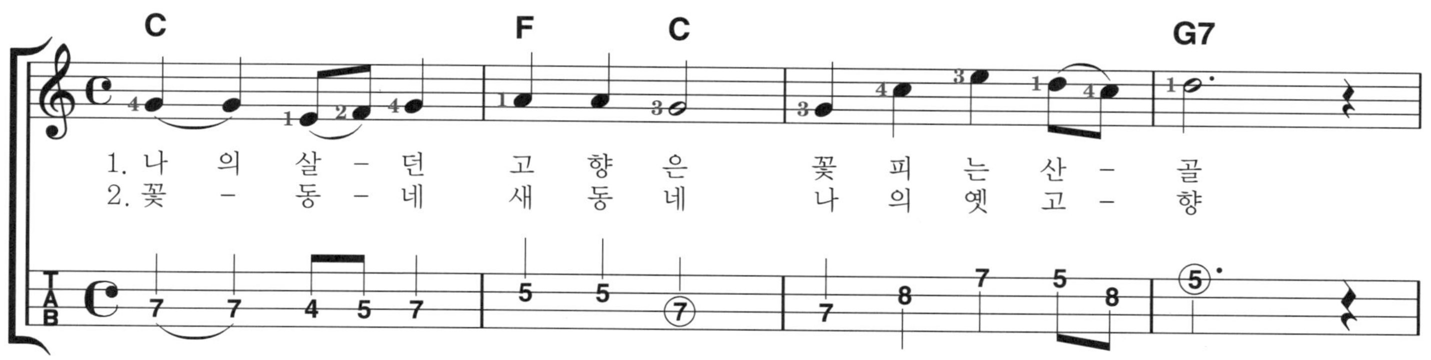

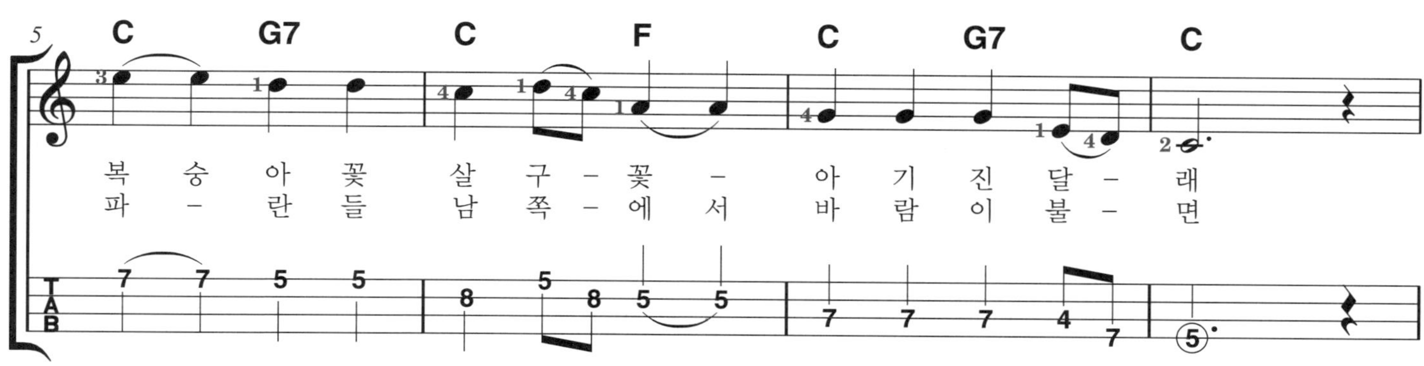

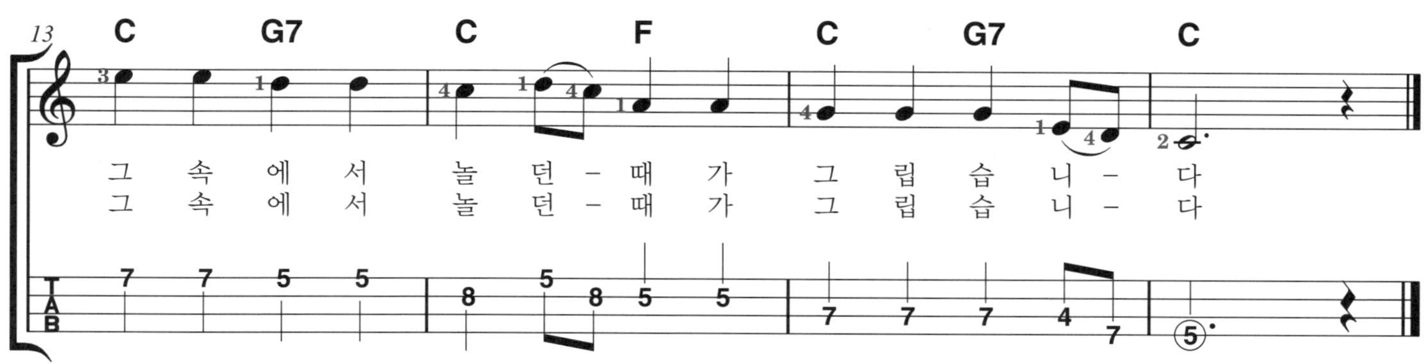

할아버지의 시계 ┃ 김홍렬 작사 / 외국 곡

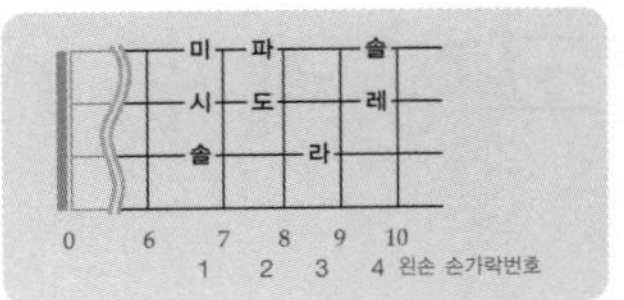

환희의 송가 | 베토벤 작곡

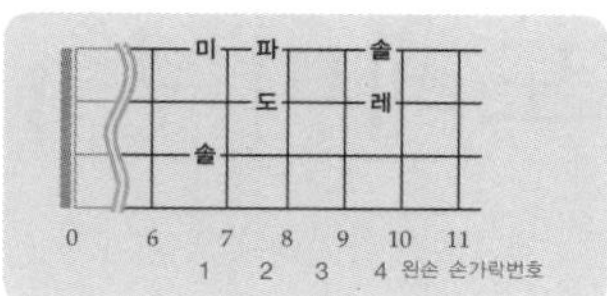

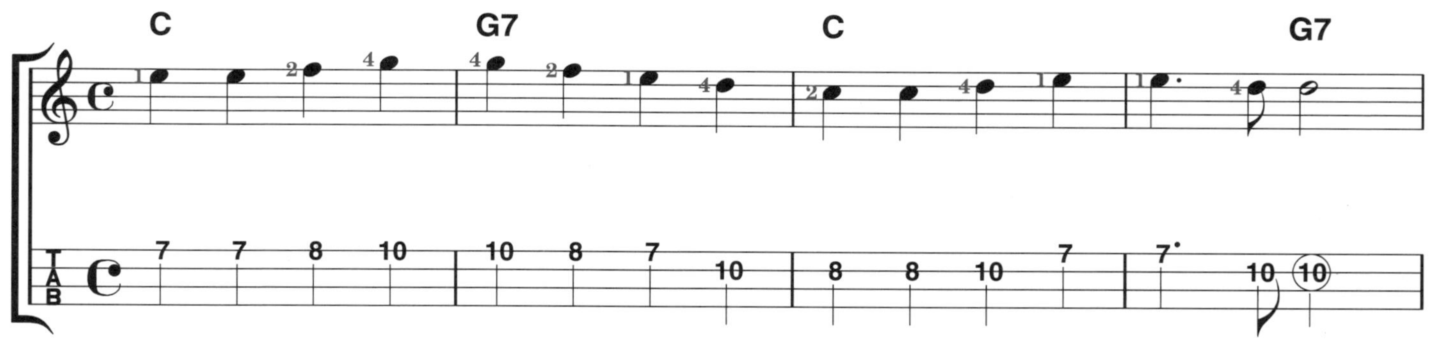

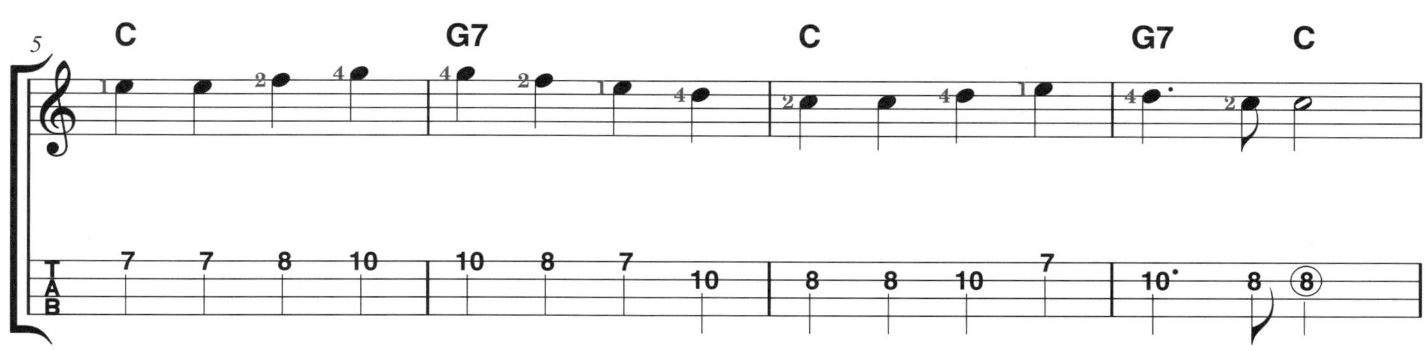

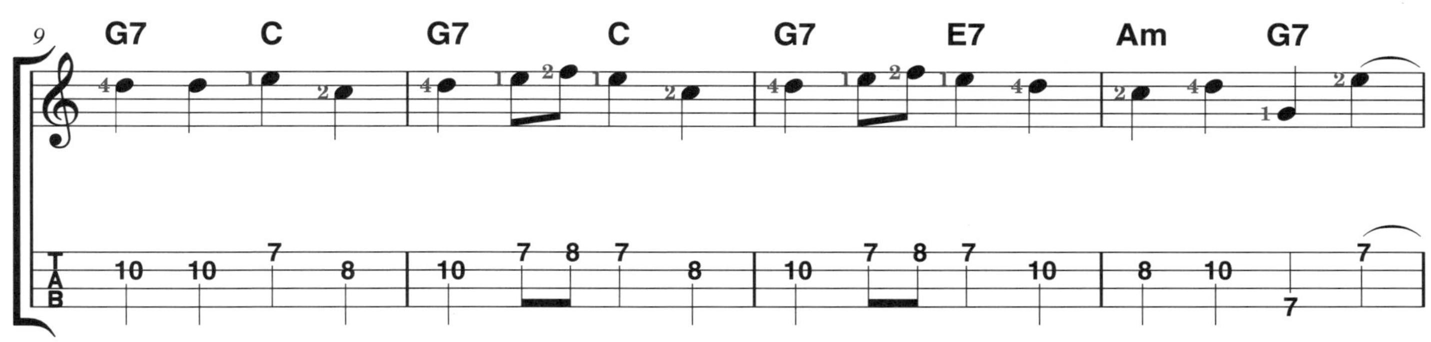

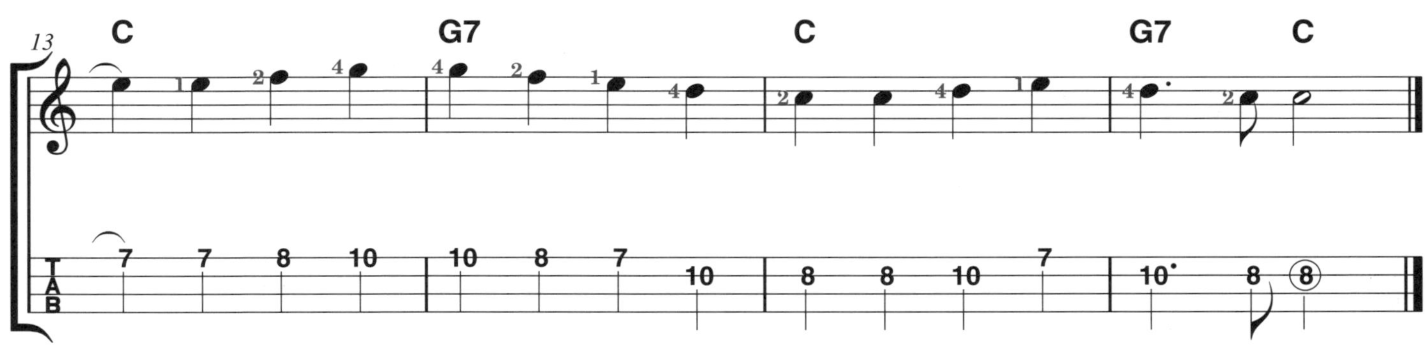

도레미 송 | R. Rodgers 작곡

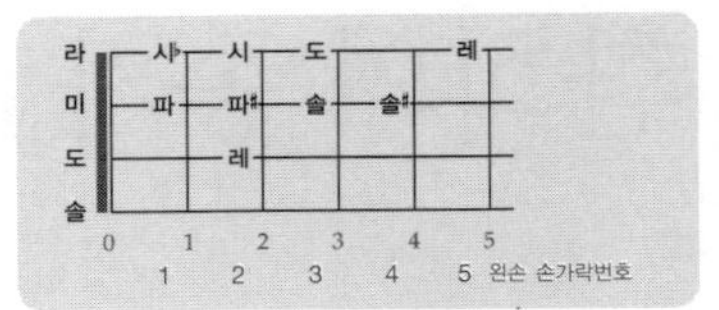

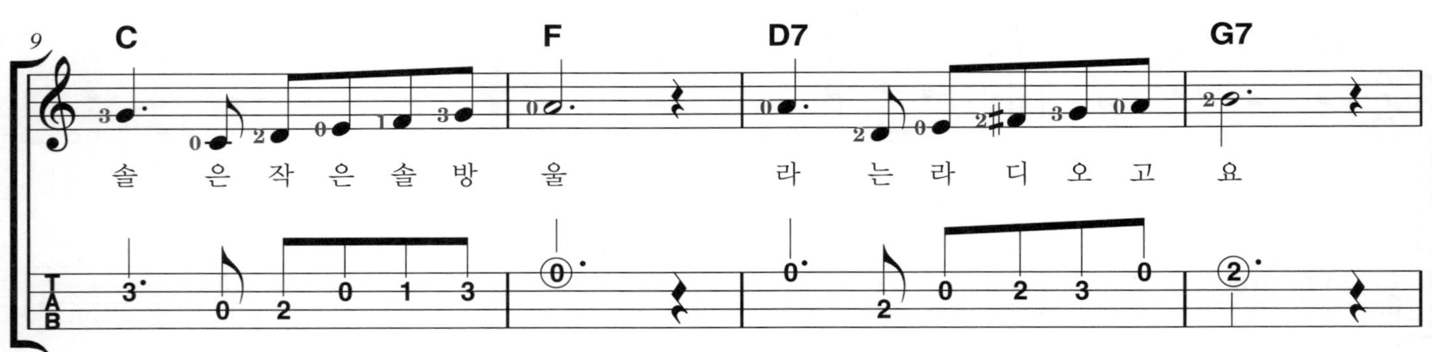

앞에서 3번손가락을 사용했기 때문에 4번손가락이 합리적이다.

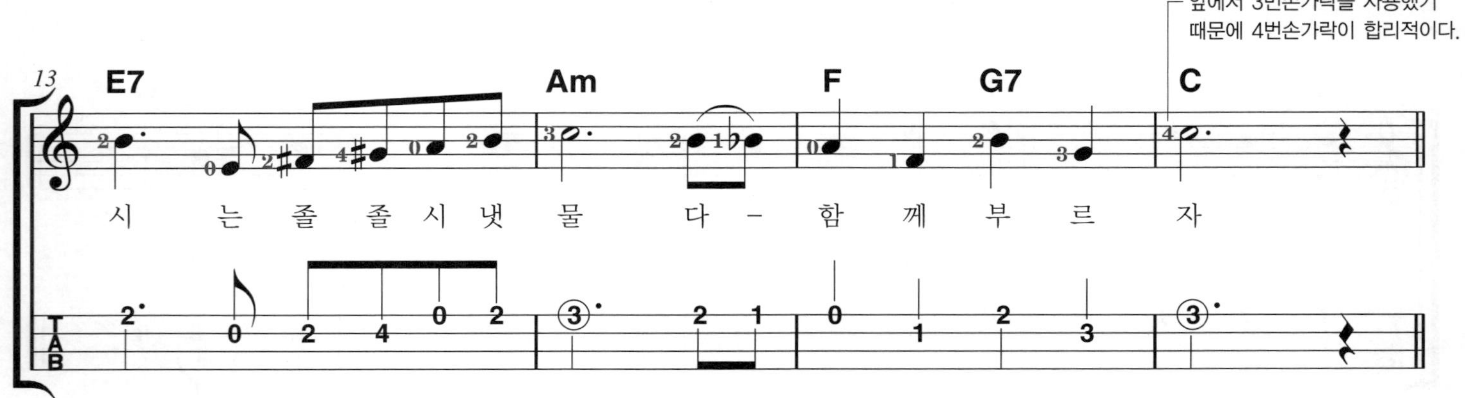

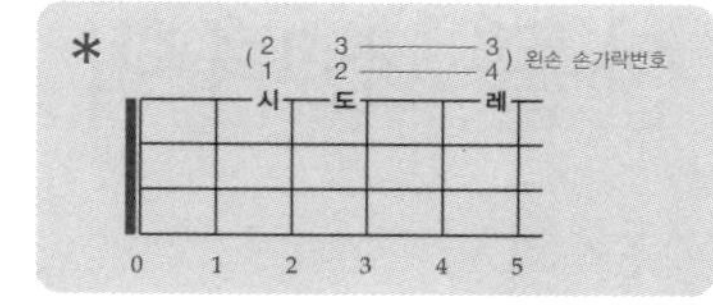

왼손 손가락번호
시 도 레
0 1 2 3 4 5

C   F   G7   C
도 레 미 파 솔 라 시 도 도 시 라 솔 파 미 레 도 미 미 미 솔 솔

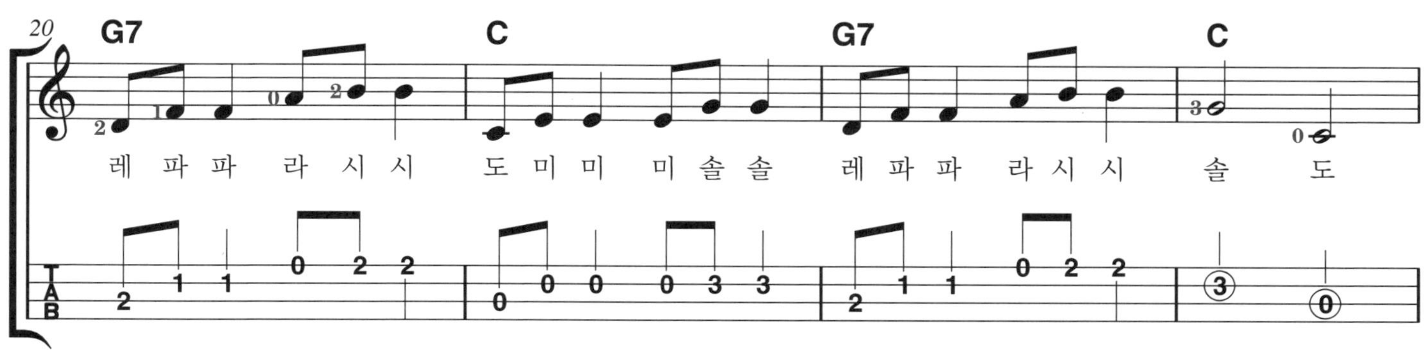

G7   C   G7   C
레 파 파 라 시 시 도 미 미 미 솔 솔 레 파 파 라 시 시 솔 도

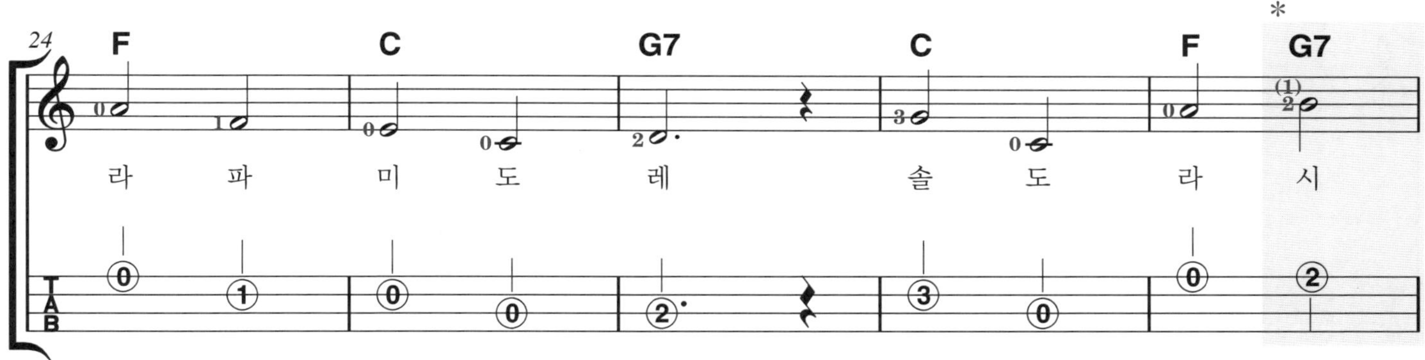

F   C   G7   C   F   G7
라 파 미 도 레   솔 도 라 시

C   G7   C   G7   C
도 레 도   도 레 미 파 솔 라 시 도 솔 도

산골 소년의 사랑 이야기 예민 작사 · 작곡

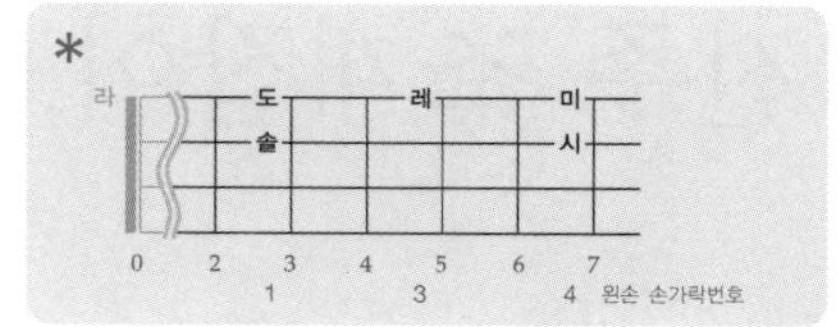

17
2.
C   Am   Em   F
호 르 는 냇 물 위 에 – 노 을 분 홍 빛 물 들 이

20
C   Em   Am   F   *
고 어 느 새 구 름 사 이 로 저 녁 달 이 빛 나 고 있

24
G   C   G7   ②번 줄을 연주하라는 기호   F
네 노 을 빛 – 냇 물 위 엔 예 쁜 꽃 모 자 떠 가 는

28
Fm   C   G7   F   G7   C
데 어 느 작 은 산 골 소 년 의 슬 픈 사 랑 얘 기

진주 조개잡이 | 외국 곡

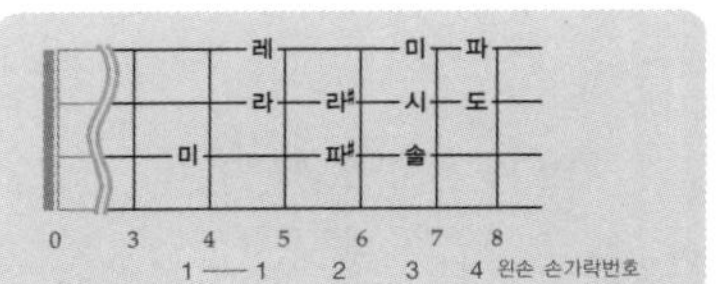

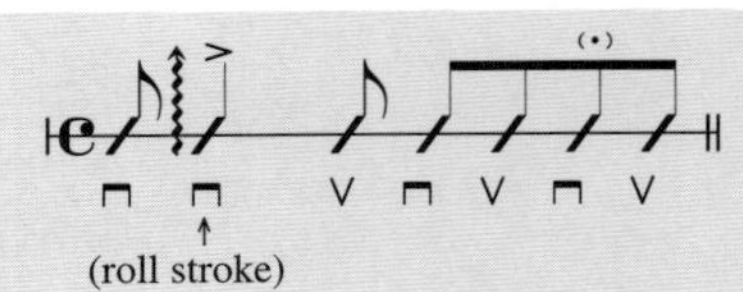

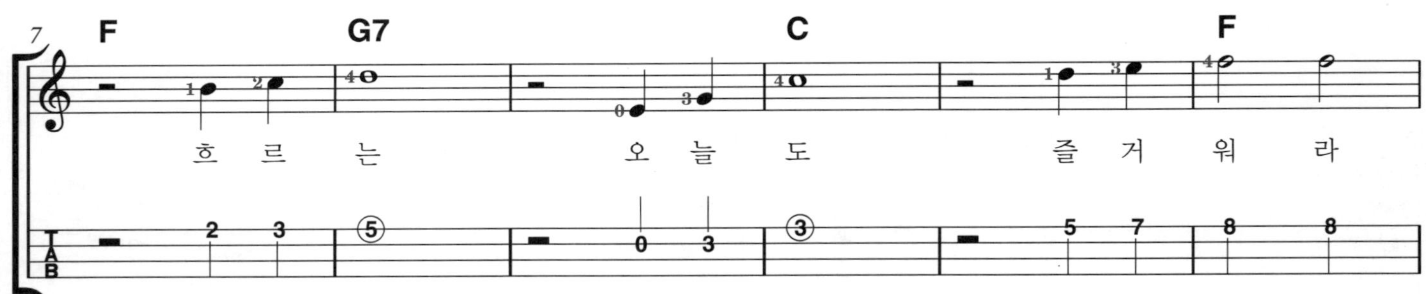

D.S. al Coda

송어 | 슈베르트 작곡

미 파
시 도 레
파♯ 솔 라
0 5 6 7 8 9 10
1 — 1 2 3 4 왼손 손가락번호

C G7
C D7 G7
왼손 손가락을 바꿔준다.
G7 C G7 C
2번손가락을 끌어서 사용
F C G7 C
F C G7 C

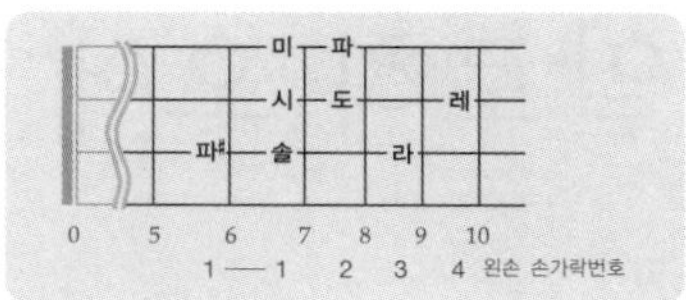

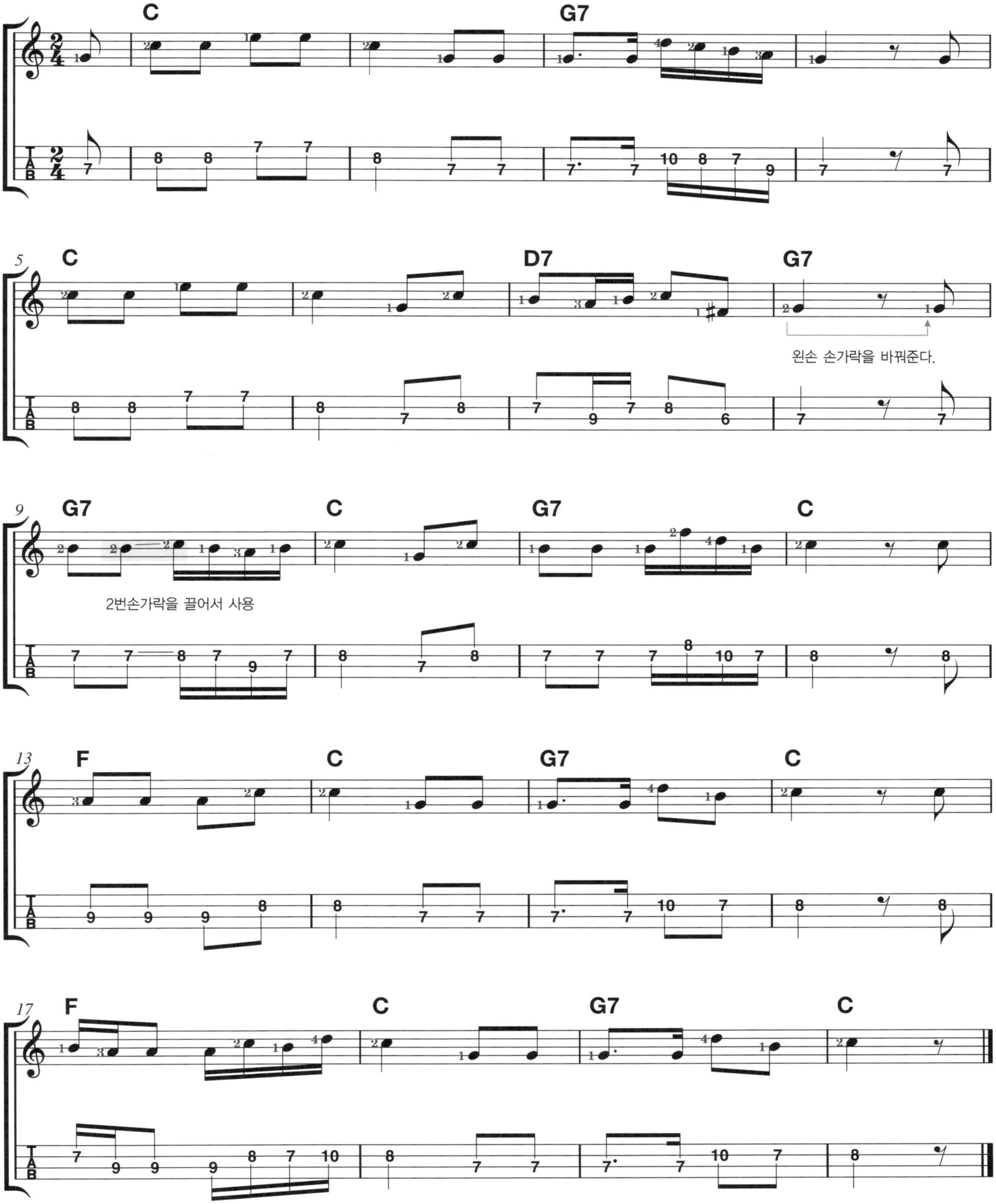

알로하 오에

Q. L. Liliuokalani 작곡

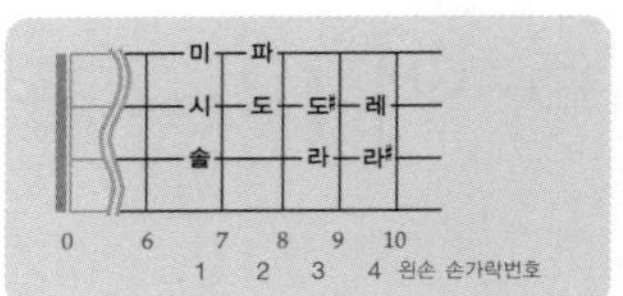

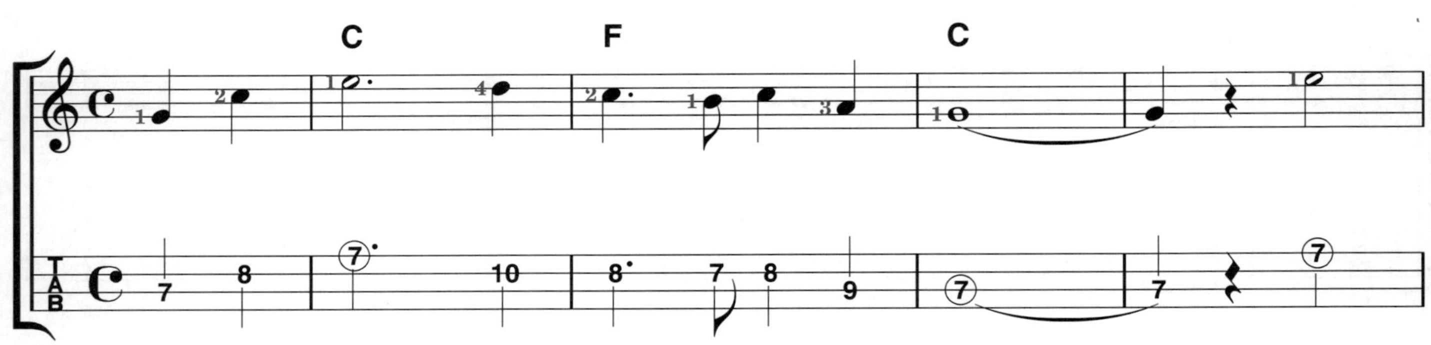

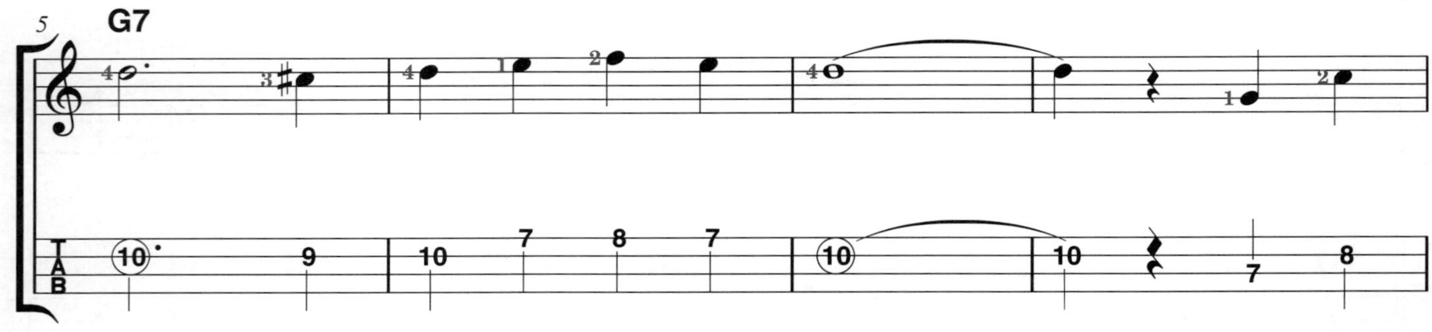

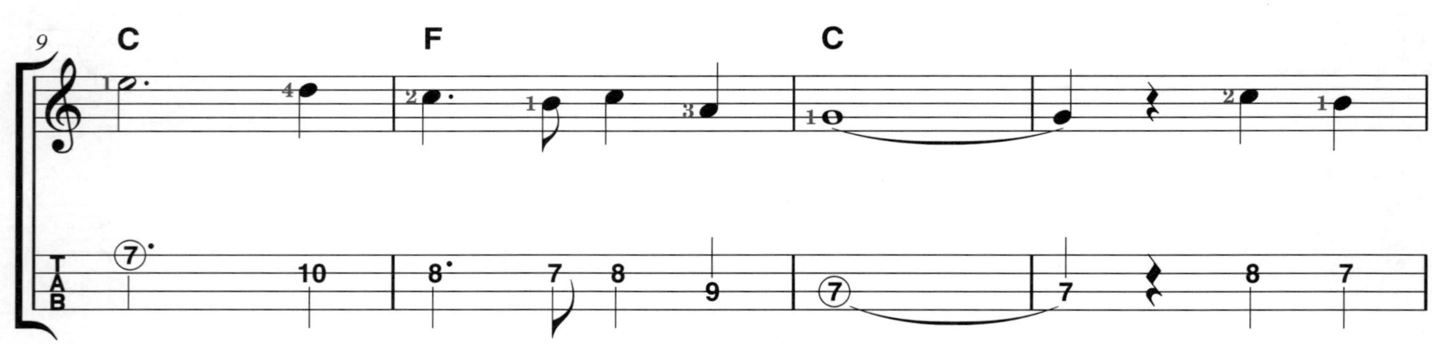

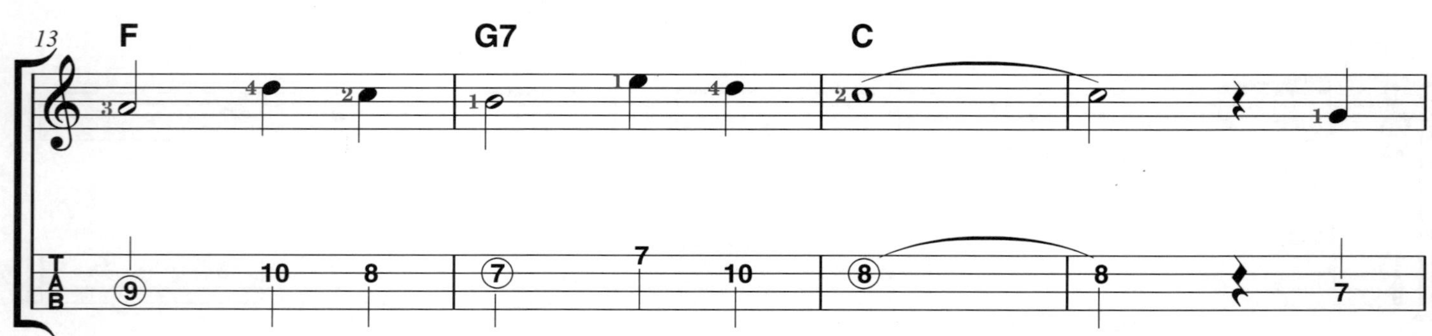

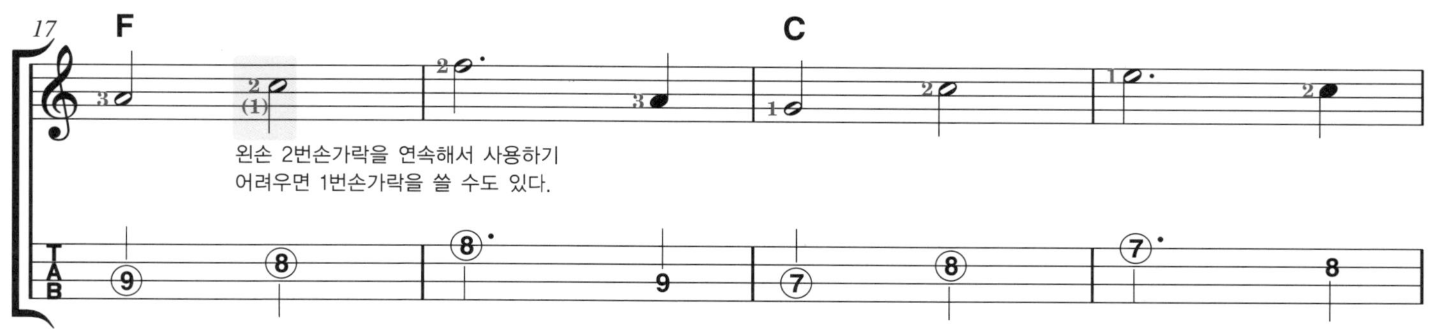

17
F
C
왼손 2번손가락을 연속해서 사용하기
어려우면 1번손가락을 쓸 수도 있다.

21
G7
C

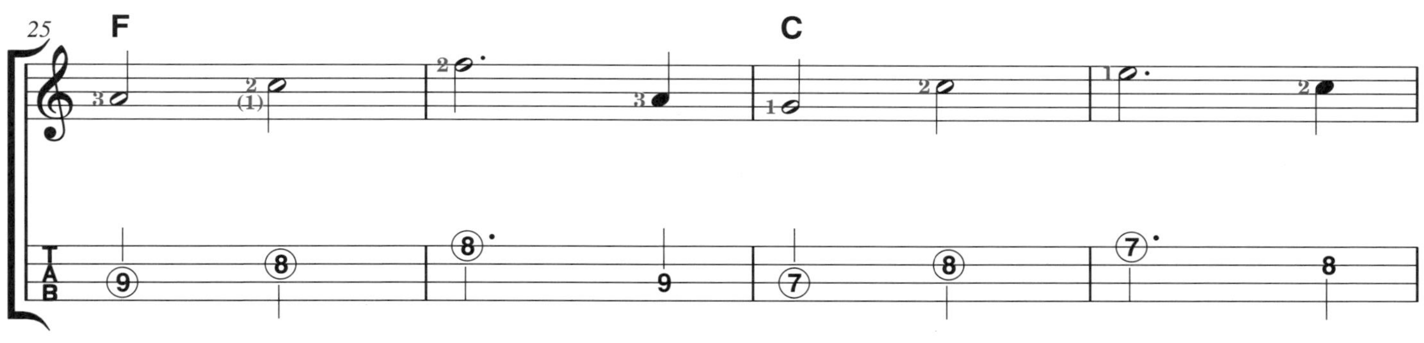

25
F
C

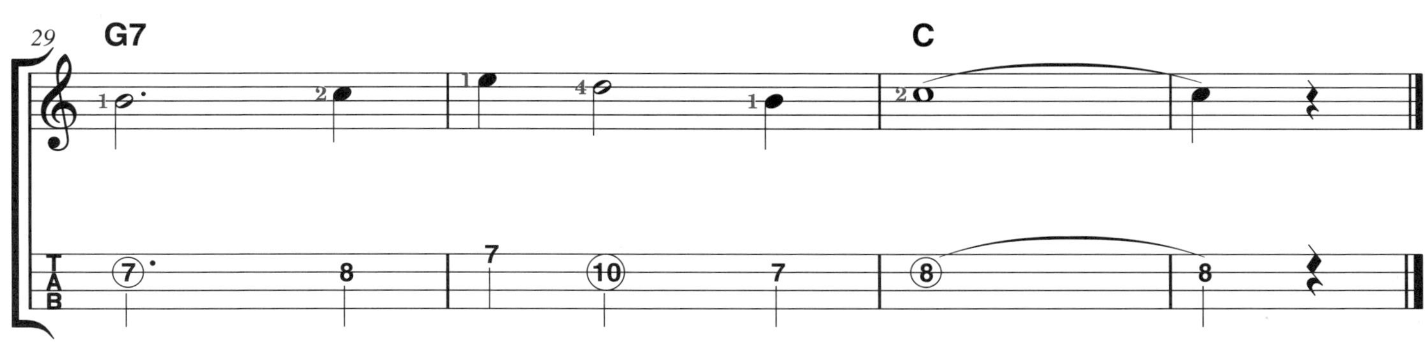

29
G7
C

Green Sleeves | 외국 곡

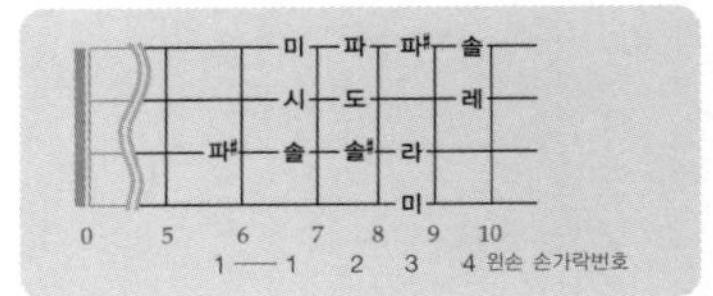

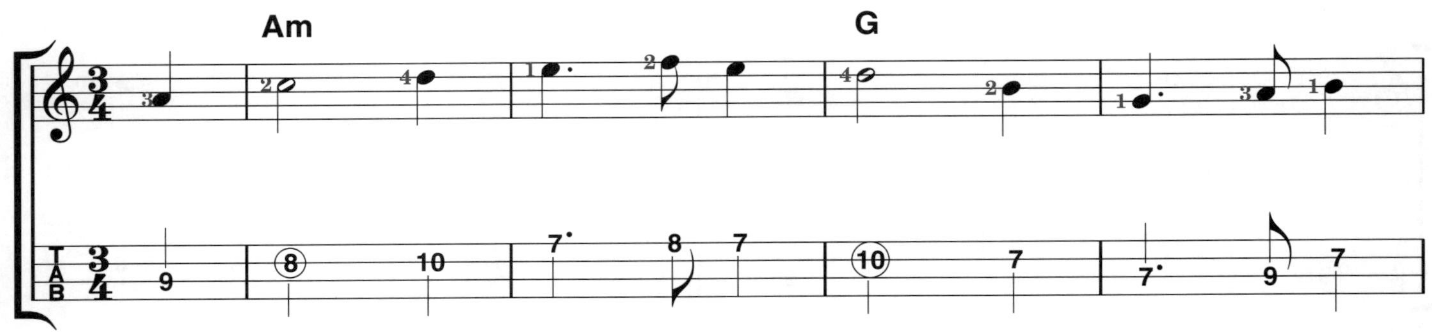

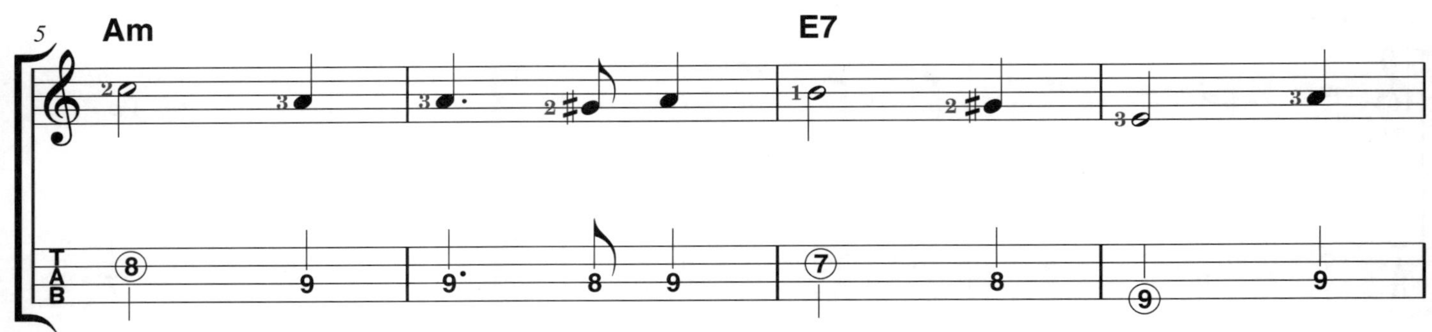

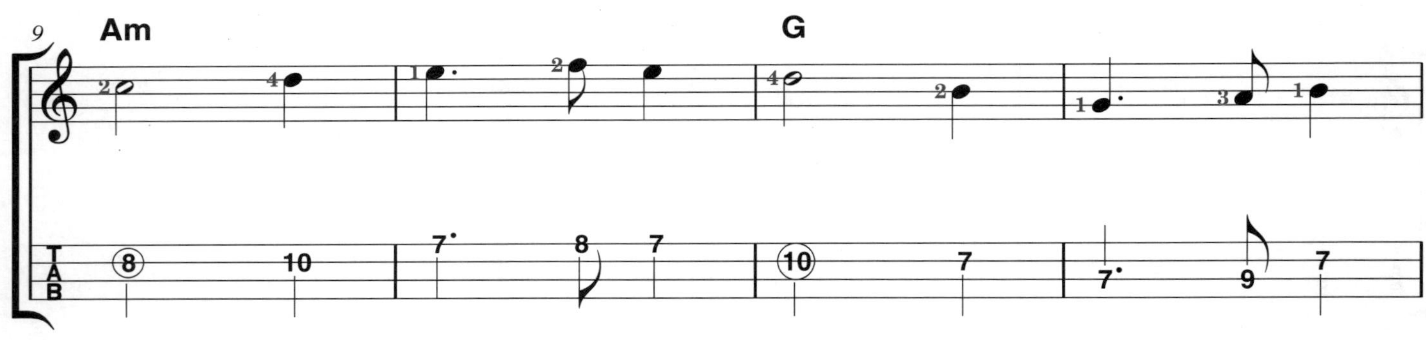

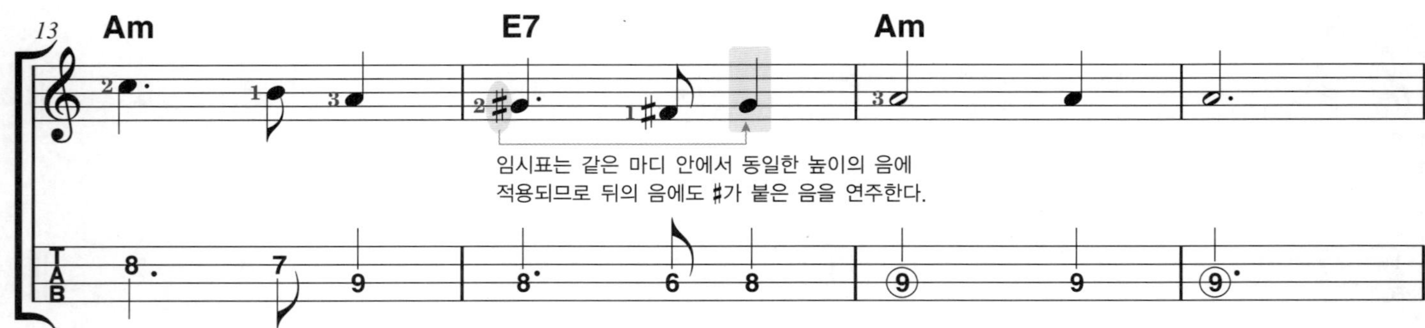

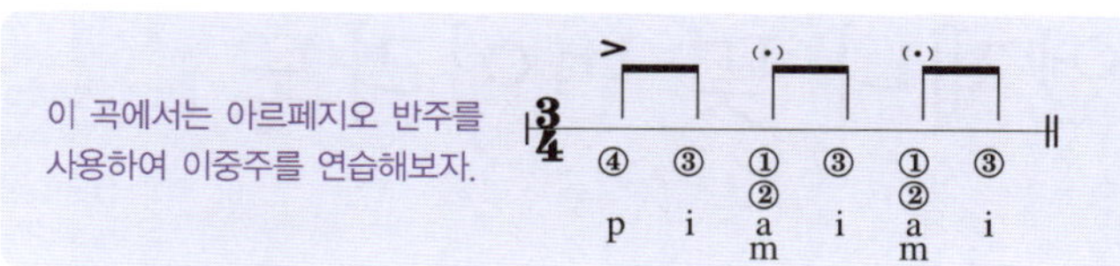

이 곡에서는 아르페지오 반주를
사용하여 이중주를 연습해보자.

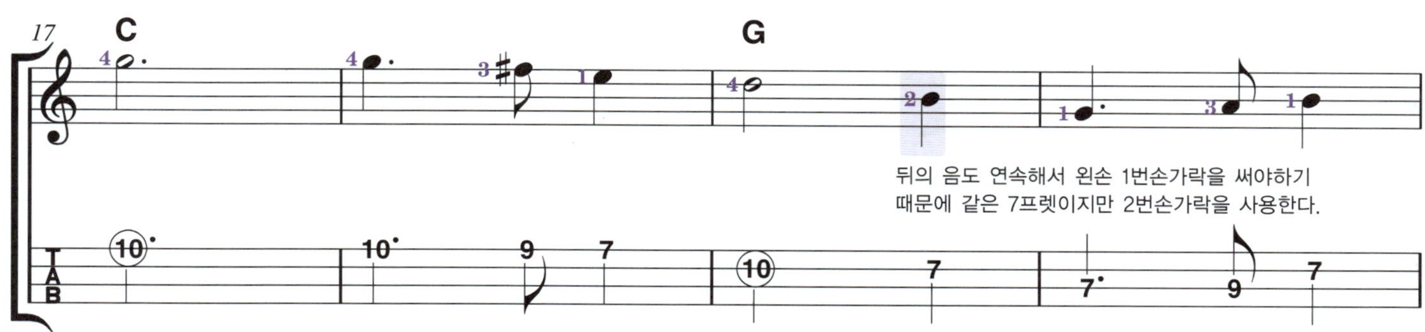

17
C
G
뒤의 음도 연속해서 왼손 1번손가락을 써야하기
때문에 같은 7프렛이지만 2번손가락을 사용한다.

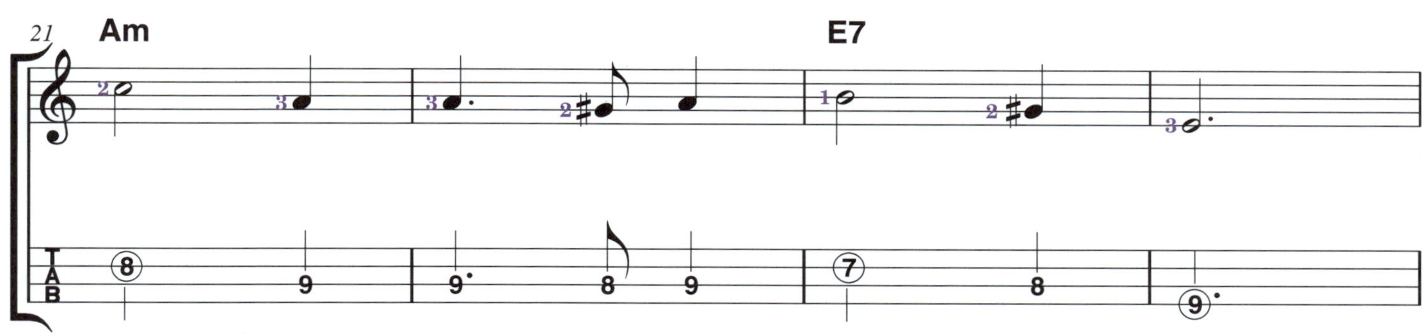

21
Am
E7

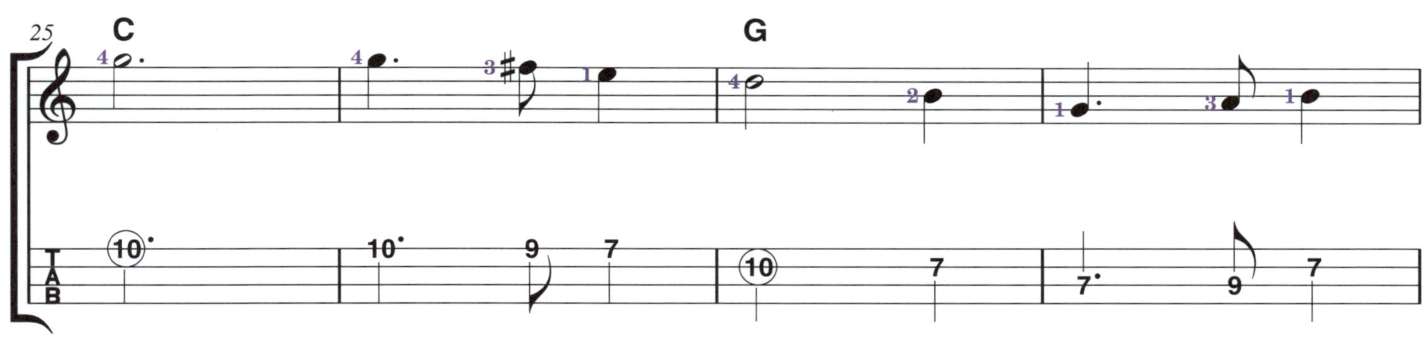

25
C
G

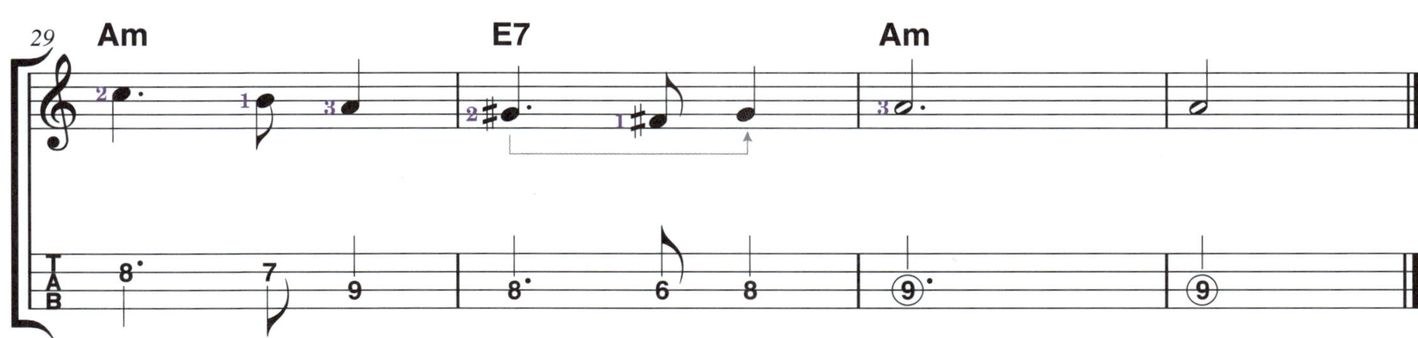

29
Am
E7
Am

언제나 몇 번이라도

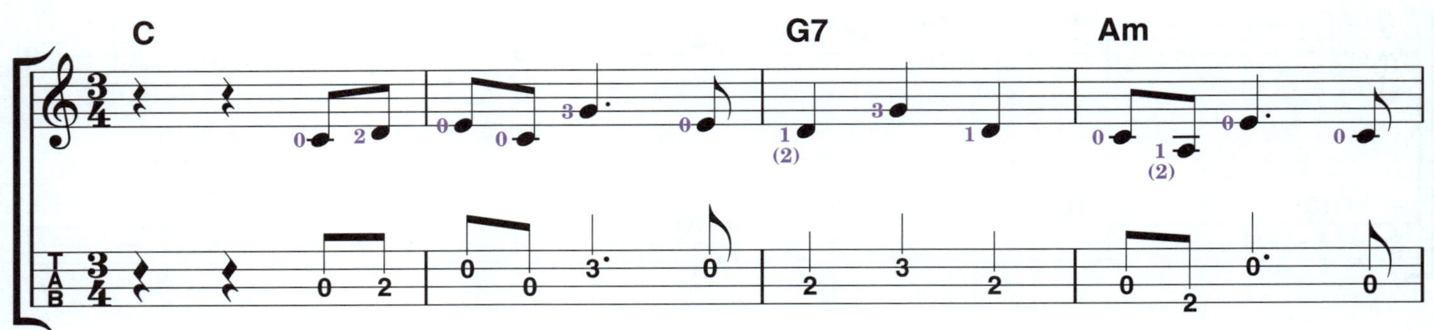

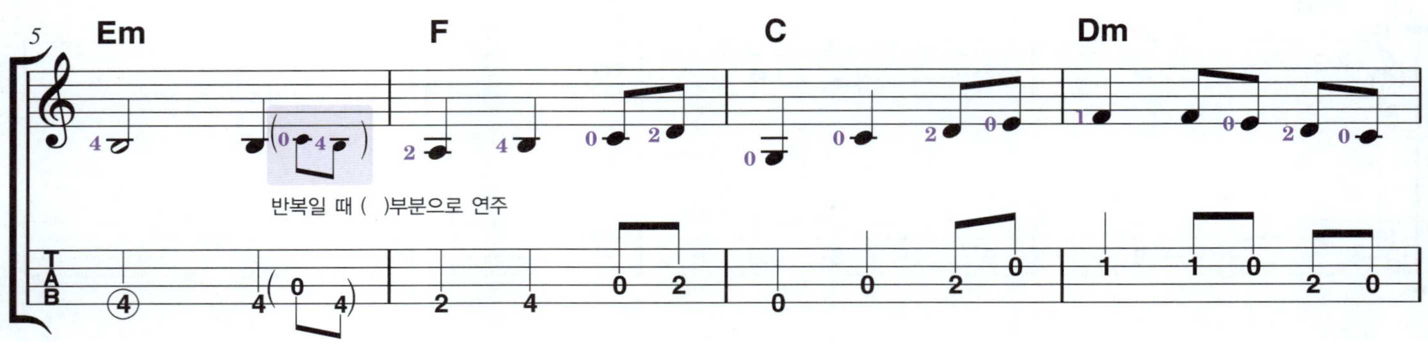

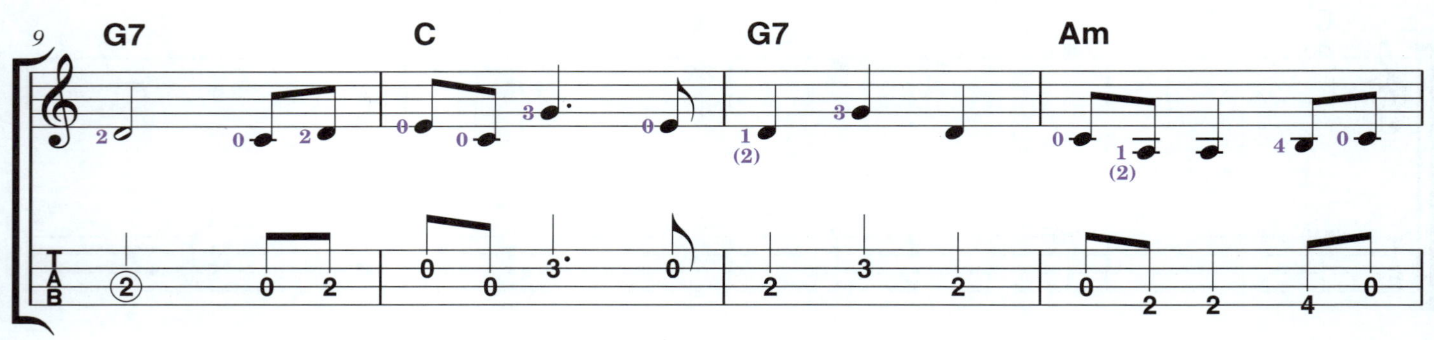

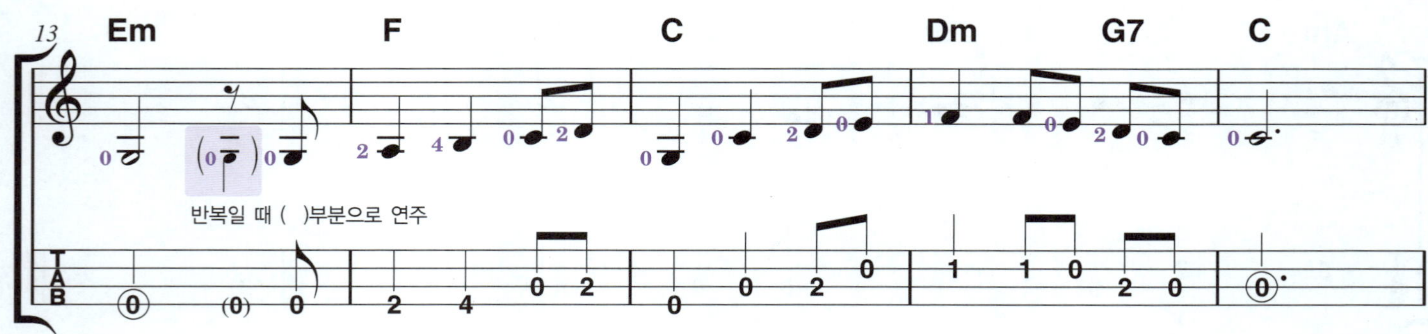

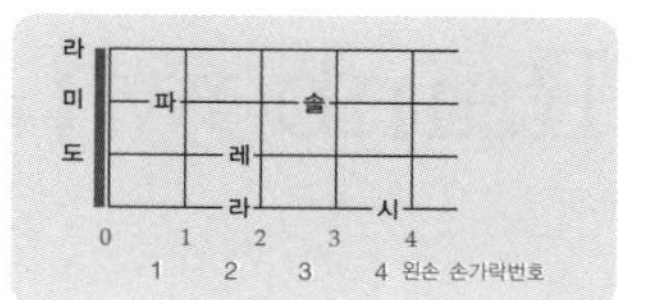
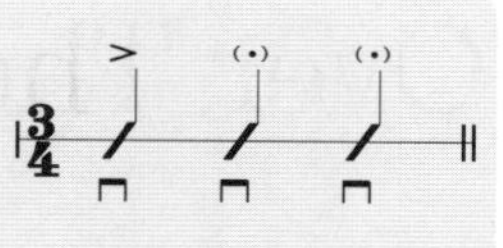

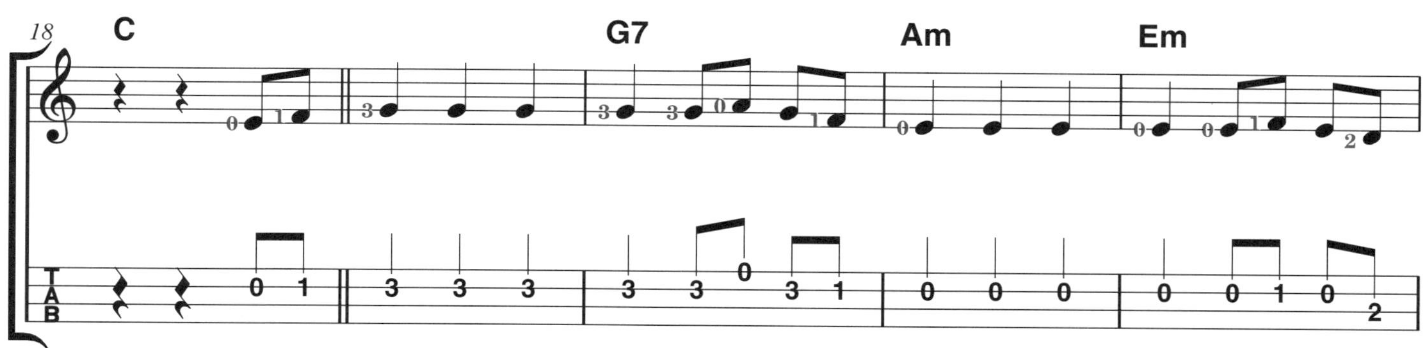

18
C
G7
Am
Em

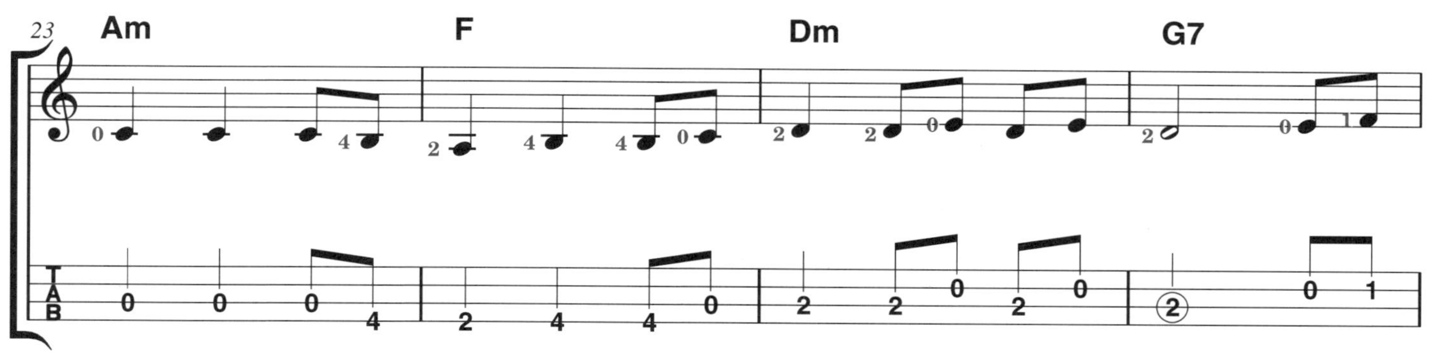

23
Am
F
Dm
G7

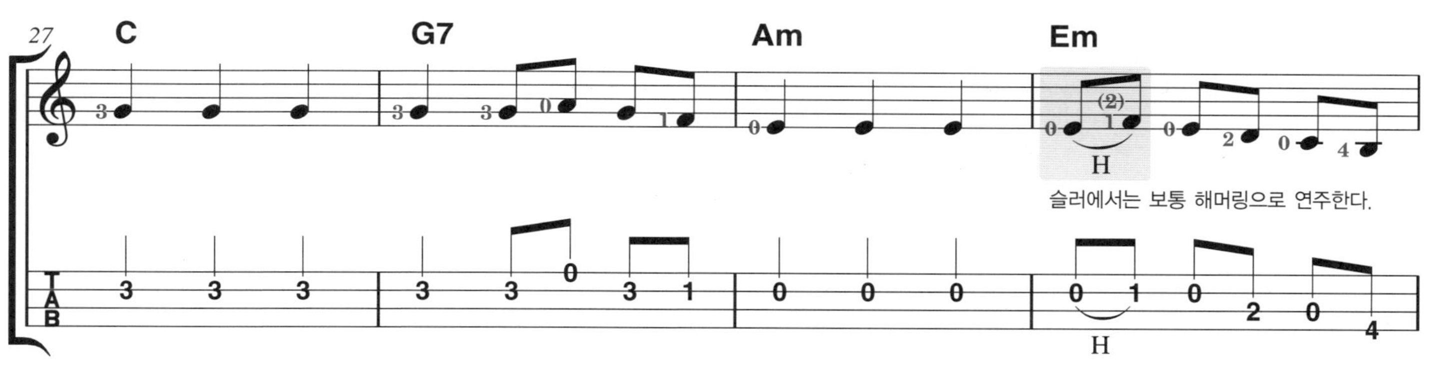

27
C
G7
Am
Em
H
슬러에서는 보통 해머링으로 연주한다.
H

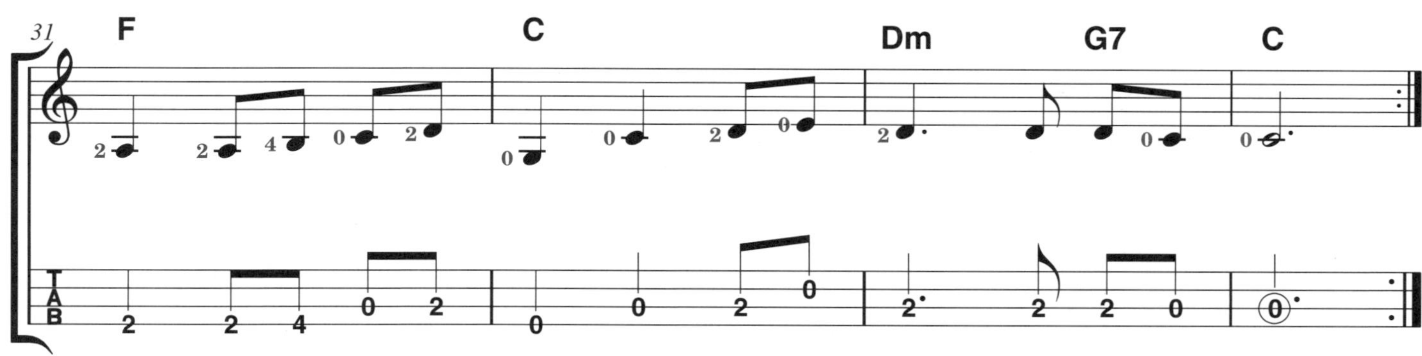

31
F
C
Dm
G7
C

Over The Rainbow

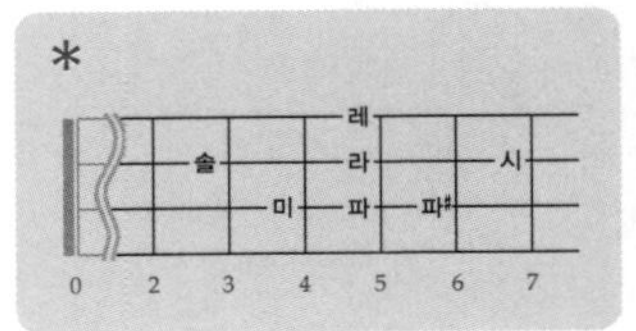

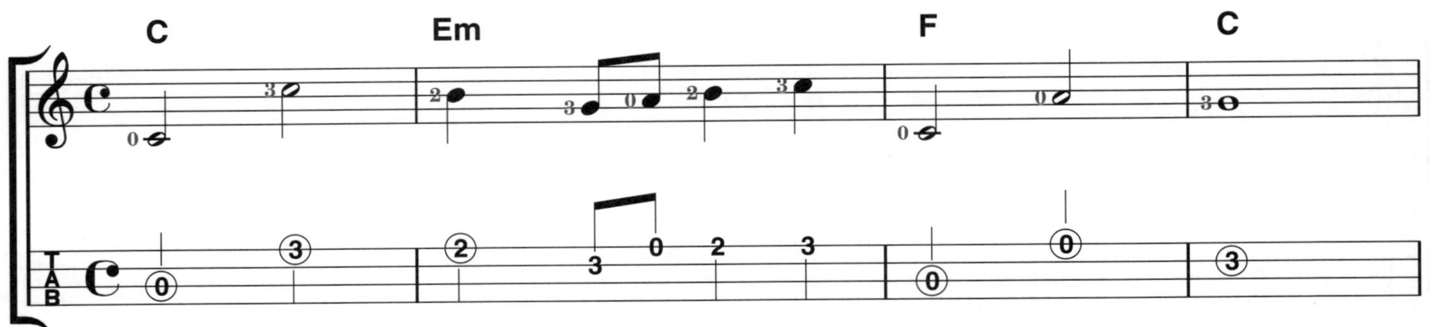

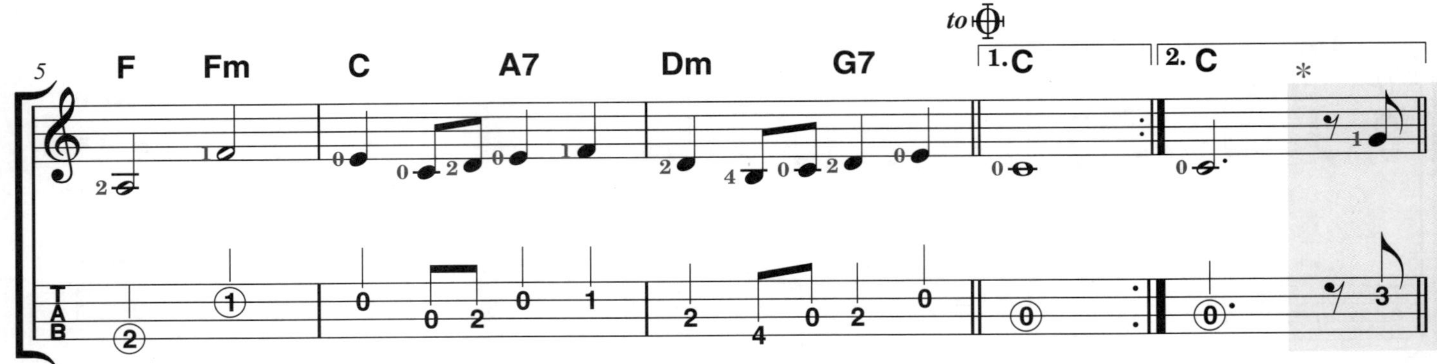

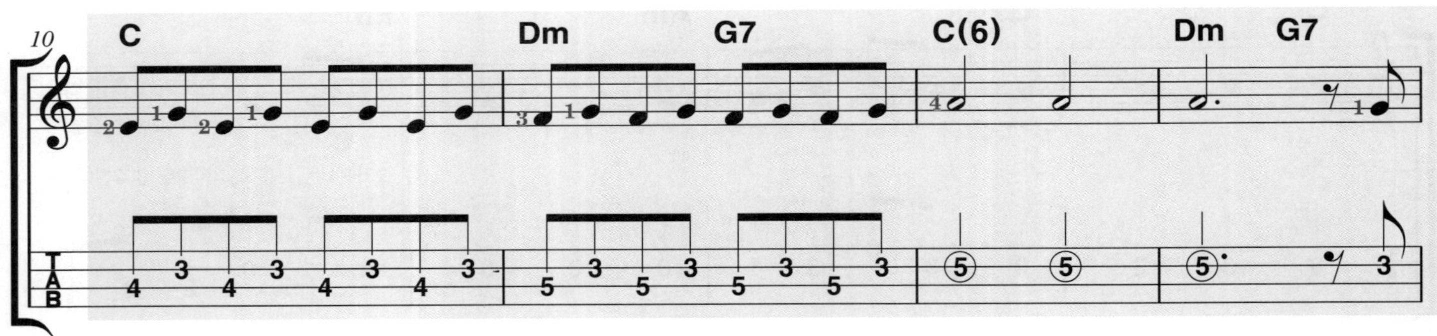

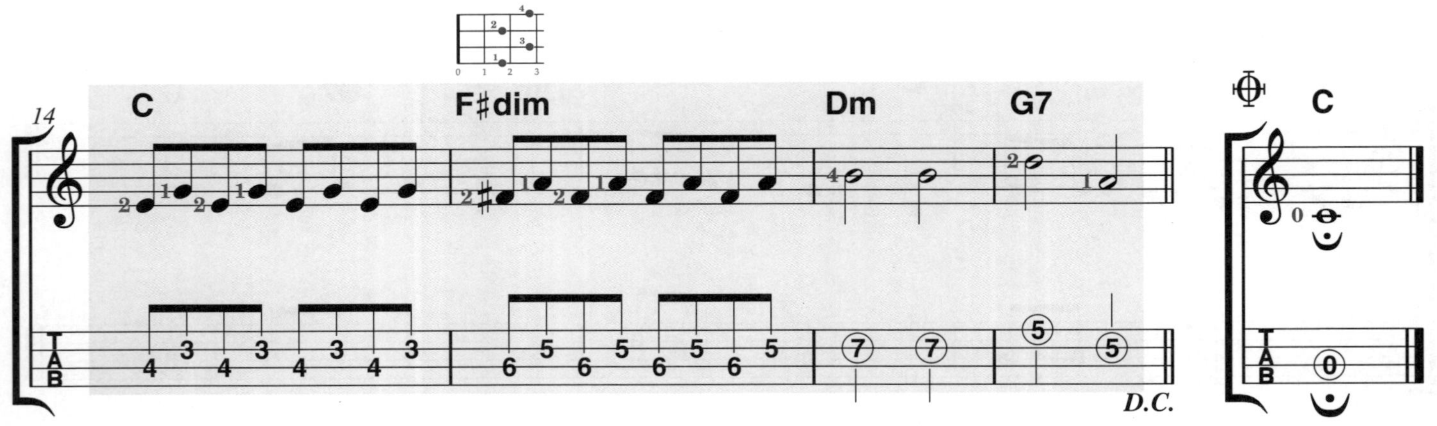

작은 별

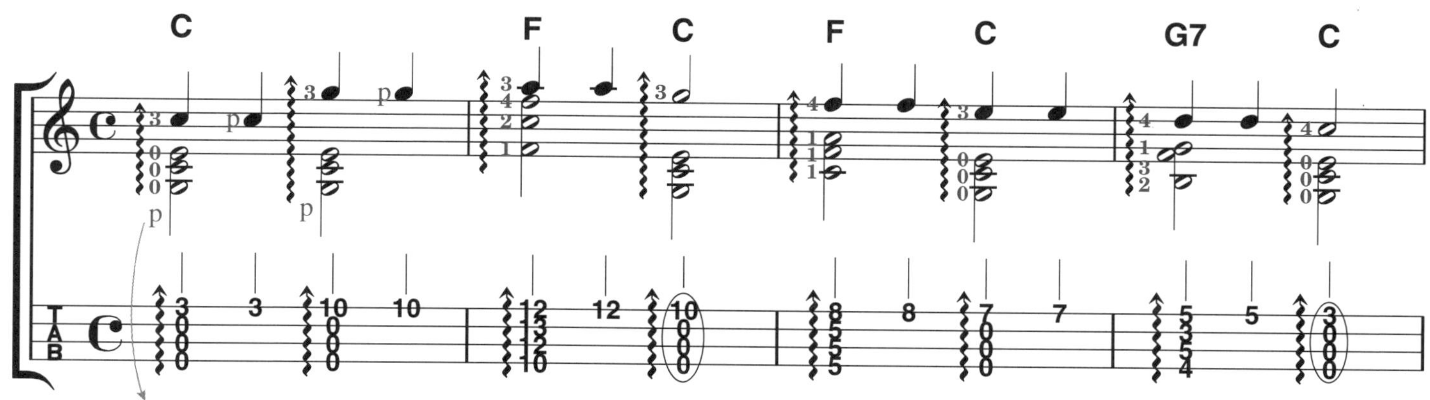

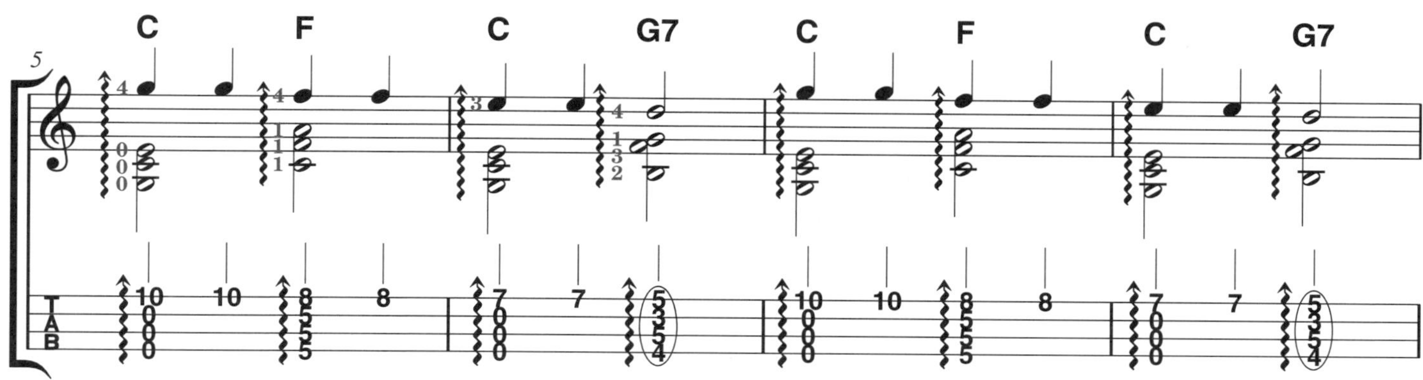

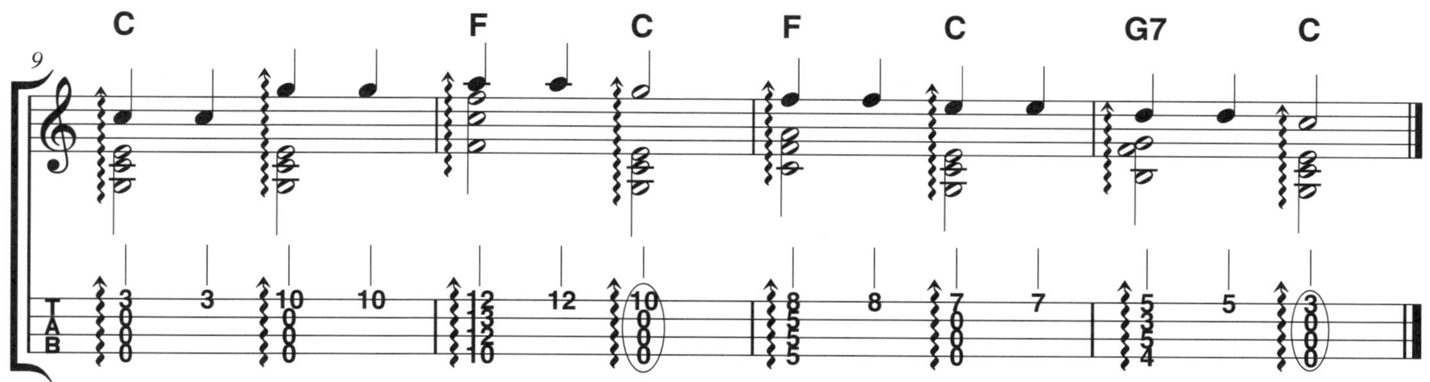

p(엄지손가락)로 네 줄을 부드럽게 훑어내린다.
나머지도 전부 동일하게 연주

13 Jours En France | F. Lai 작곡

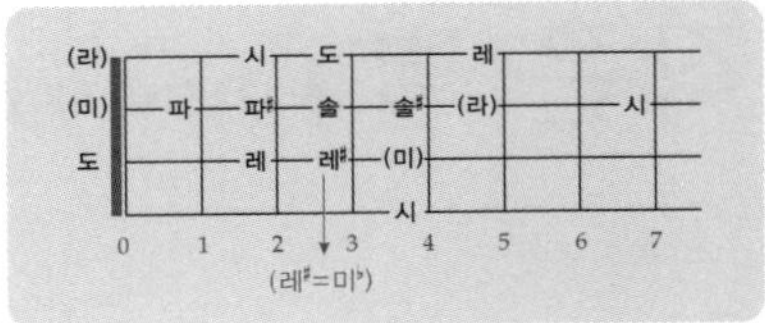

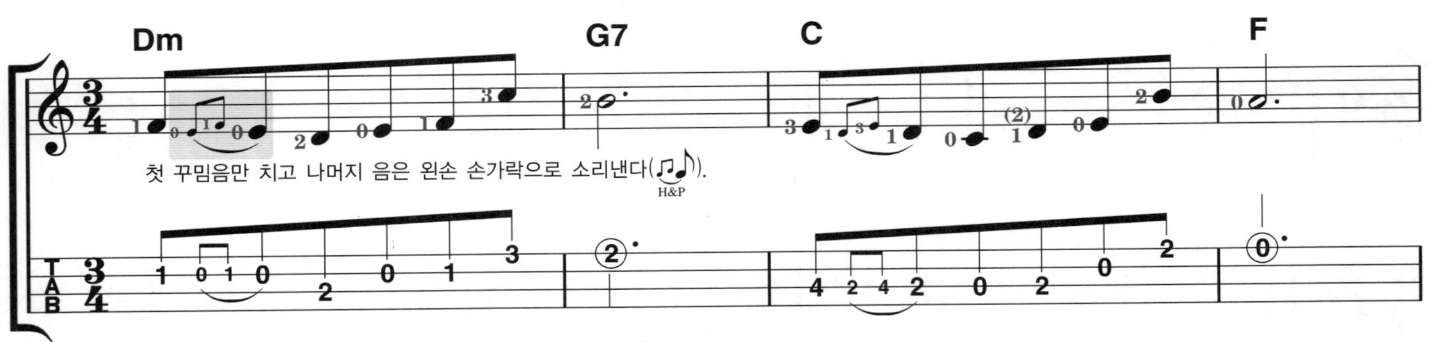

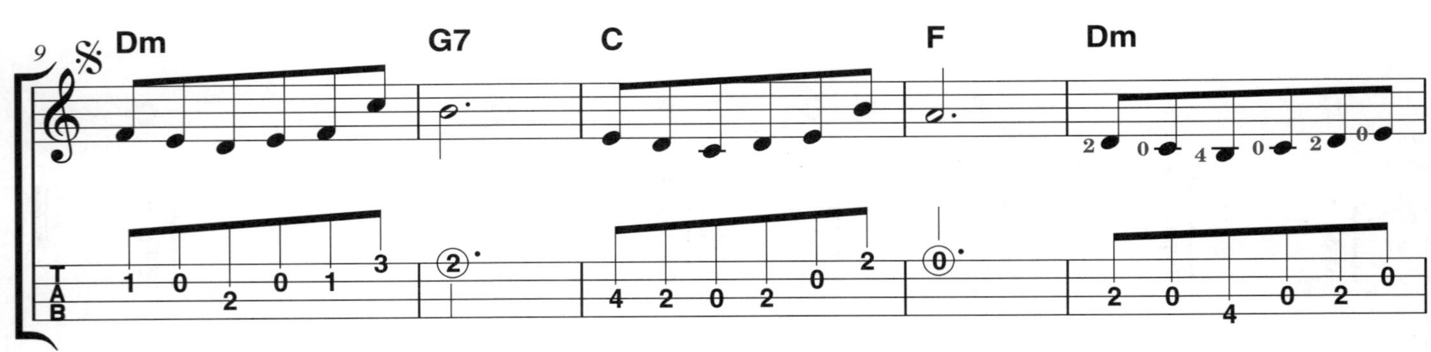

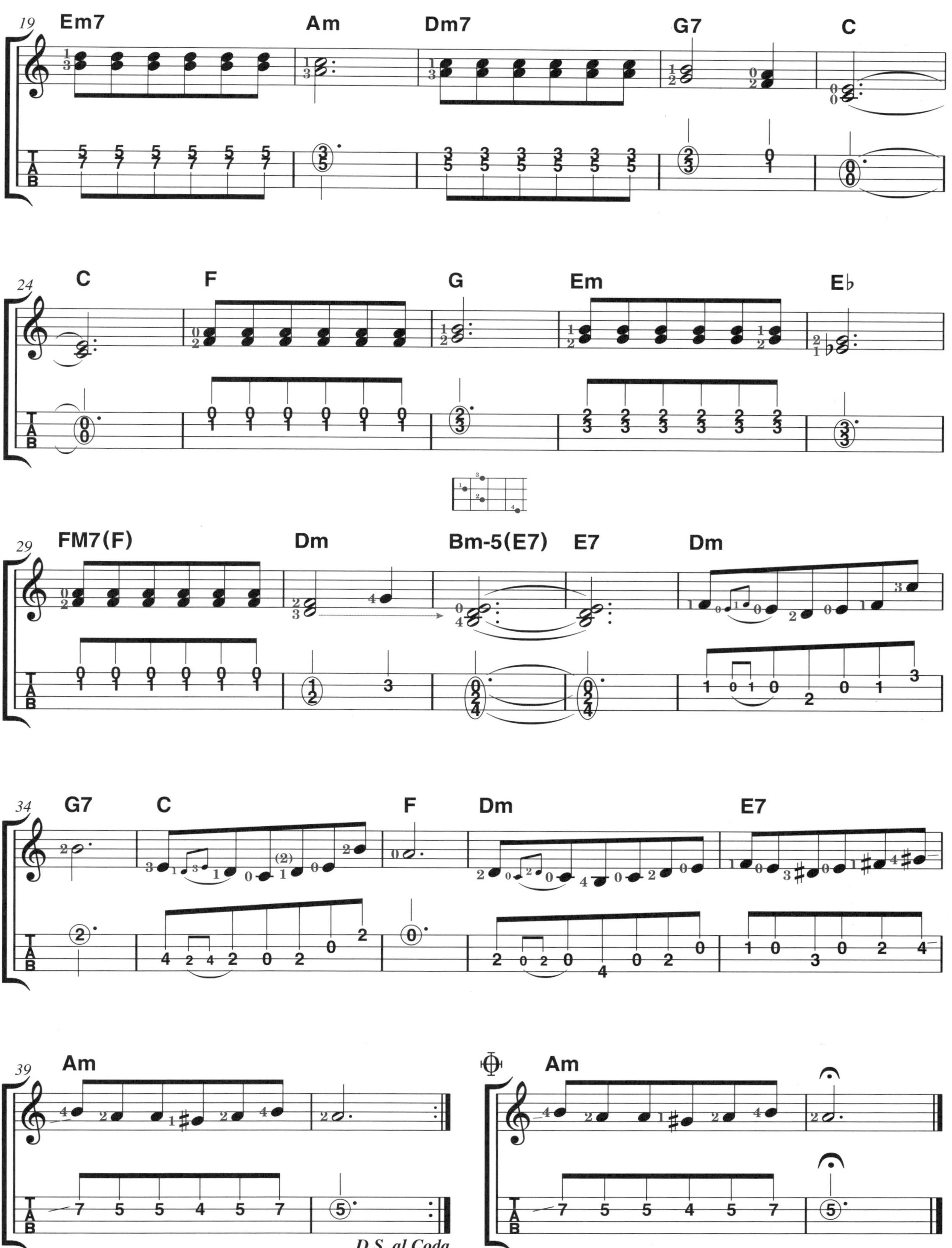

19 Em7 Am Dm7 G7 C
24 C F G Em E♭
29 FM7(F) Dm Bm-5(E7) E7 Dm
34 G7 C F Dm E7
39 Am Am
D.S. al Coda
53

Raindrops Keep Fallin' on My Head | B. Bacharach 작곡

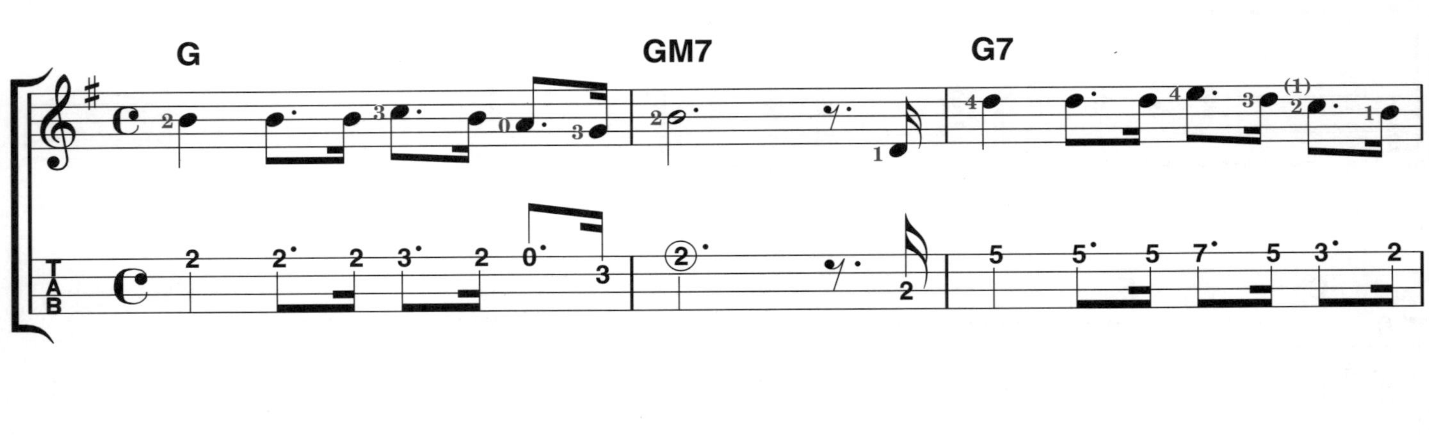

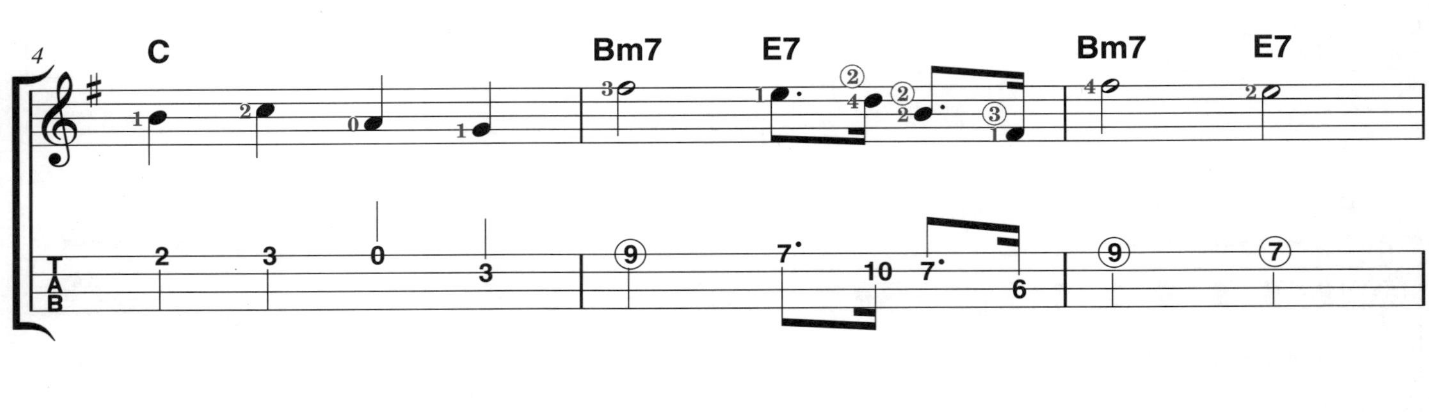

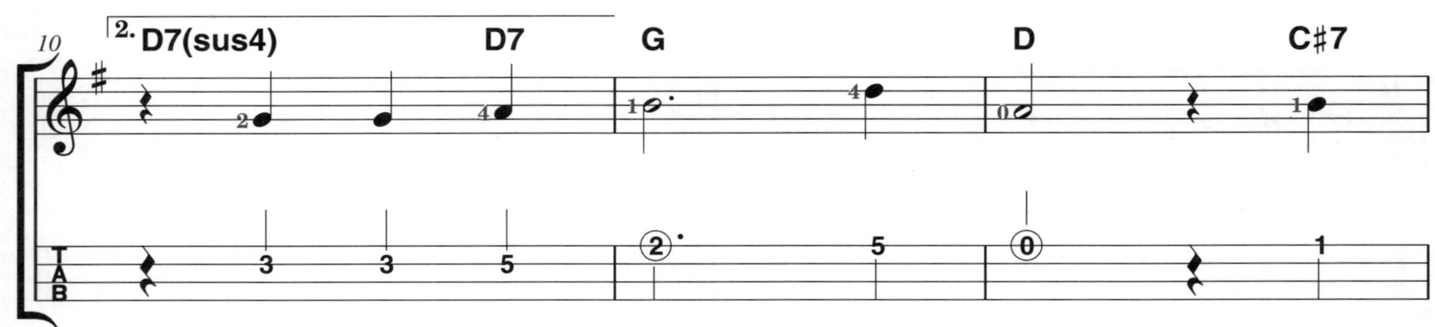

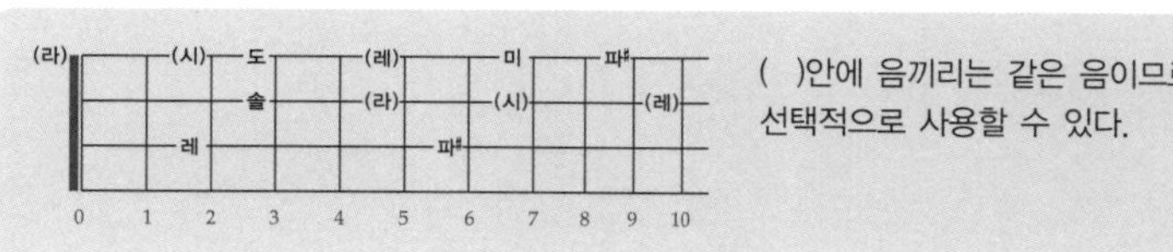

( )안에 음끼리는 같은 음이므로
선택적으로 사용할 수 있다.

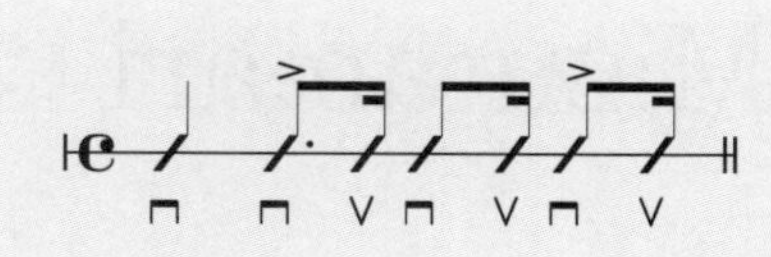

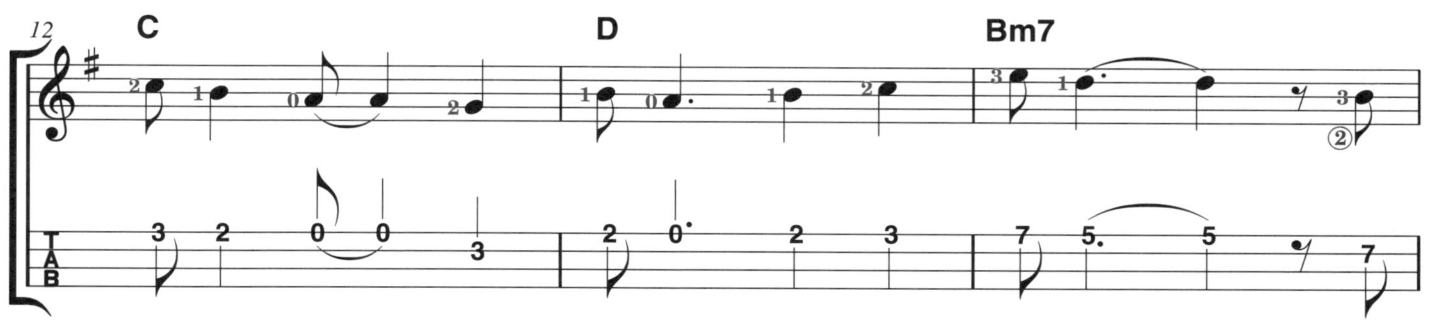

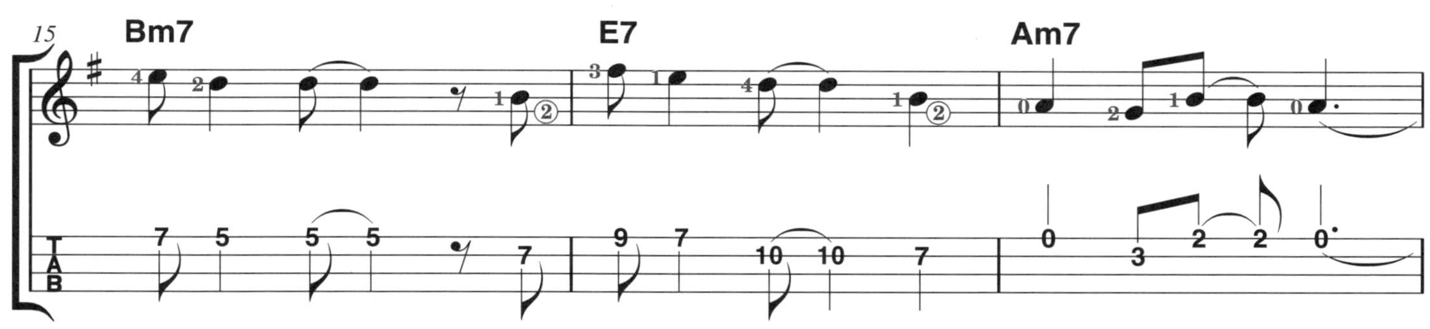

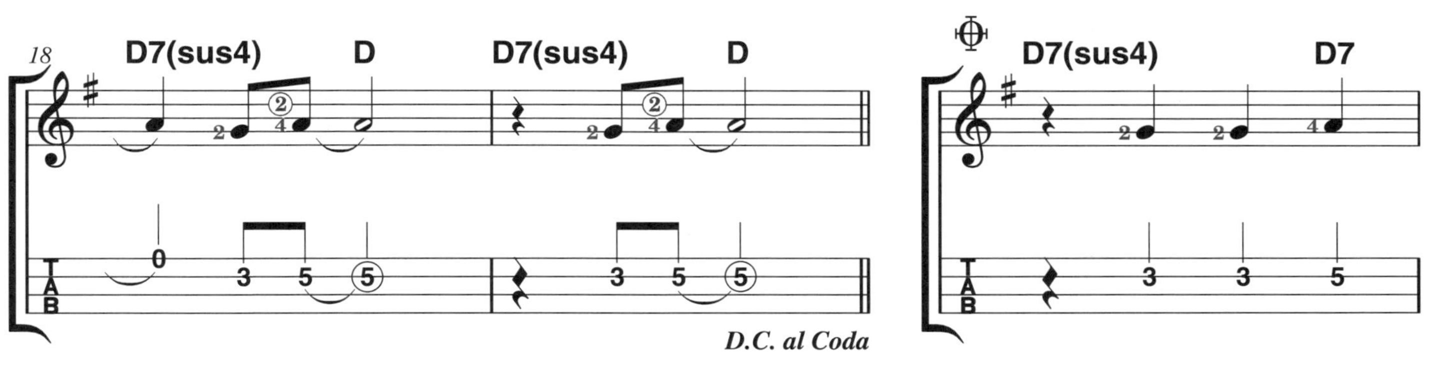

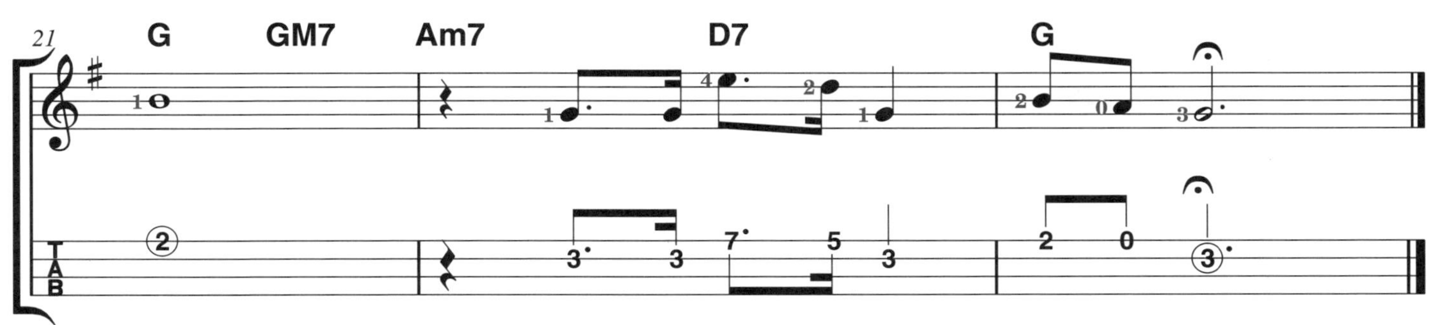

Mizutamari | Kobayasi Kiyosi 작곡

Tico Tico | Ervin M. Drake, L. Oliveira, T. Wye 작곡

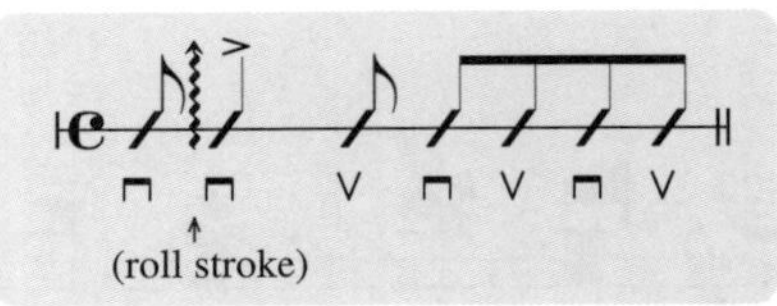

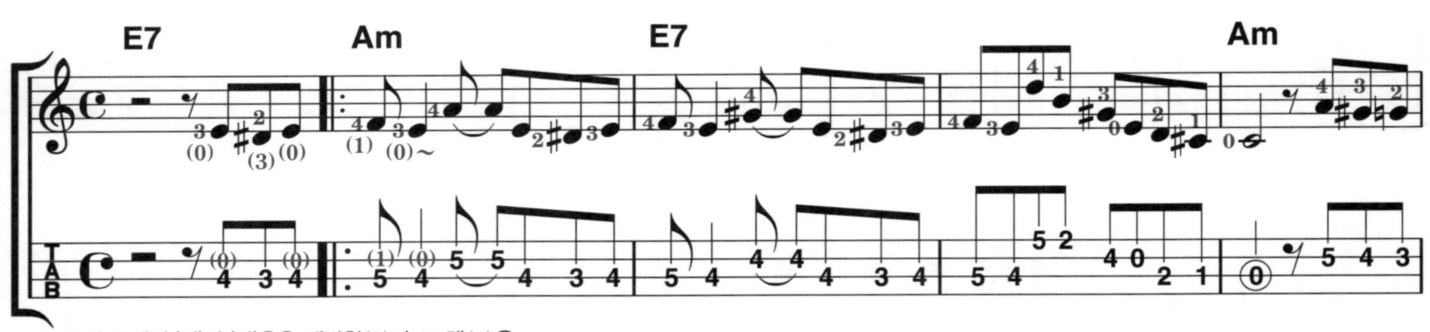

*이 곡에서 '미'와 '파'음은 개방현(0)과 1프렛(1)을
사용해서 연주하는 것이 더 편할 수 있다.

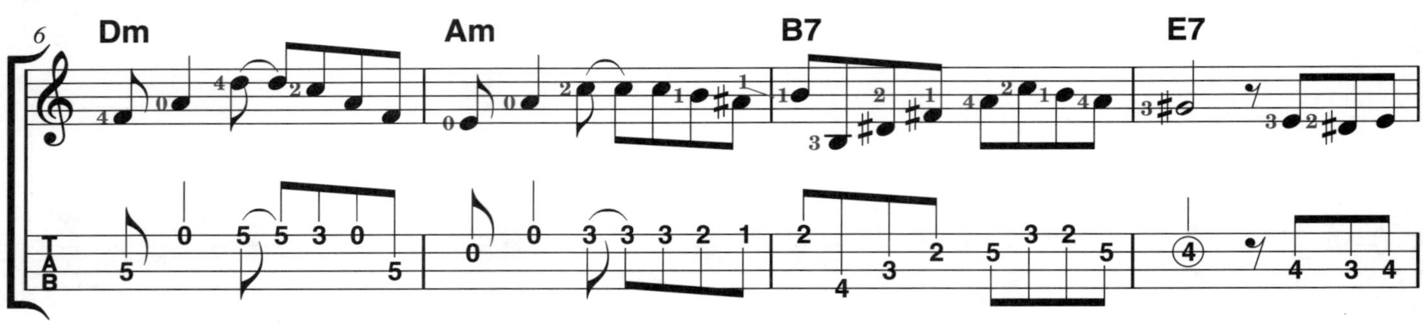

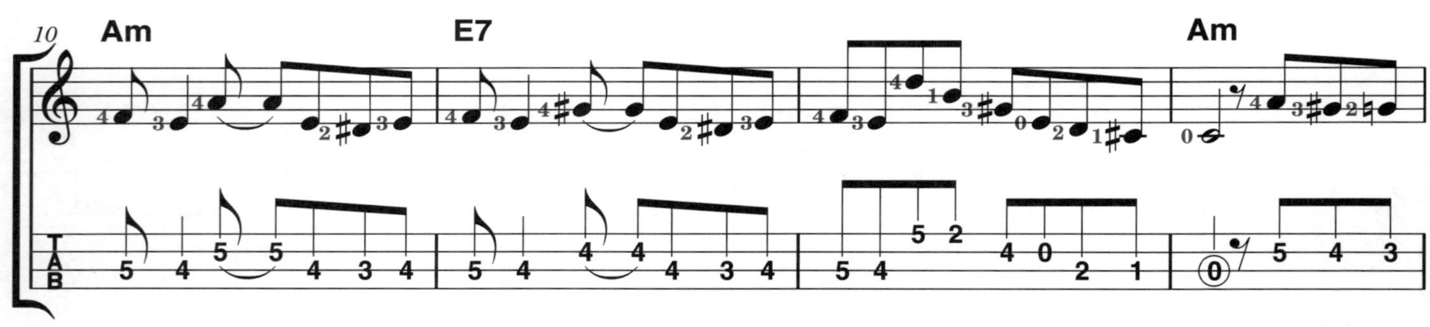

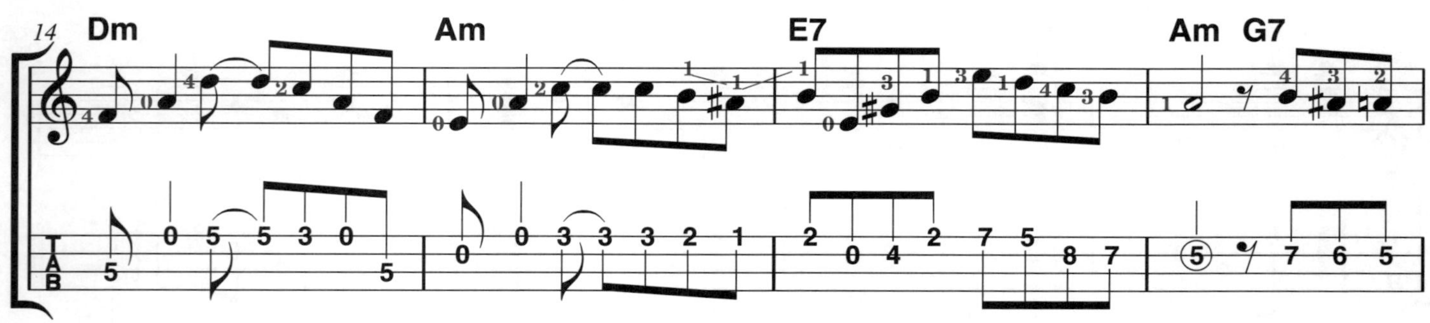

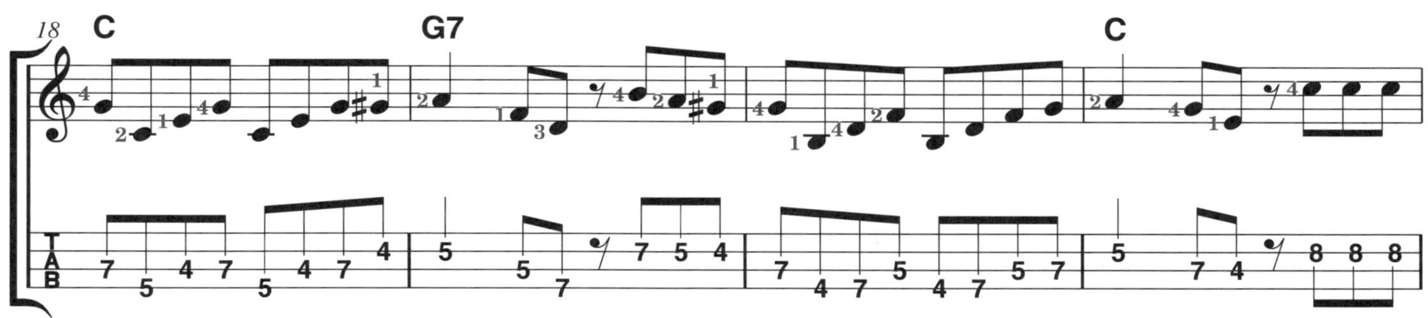
18
C
G7
C

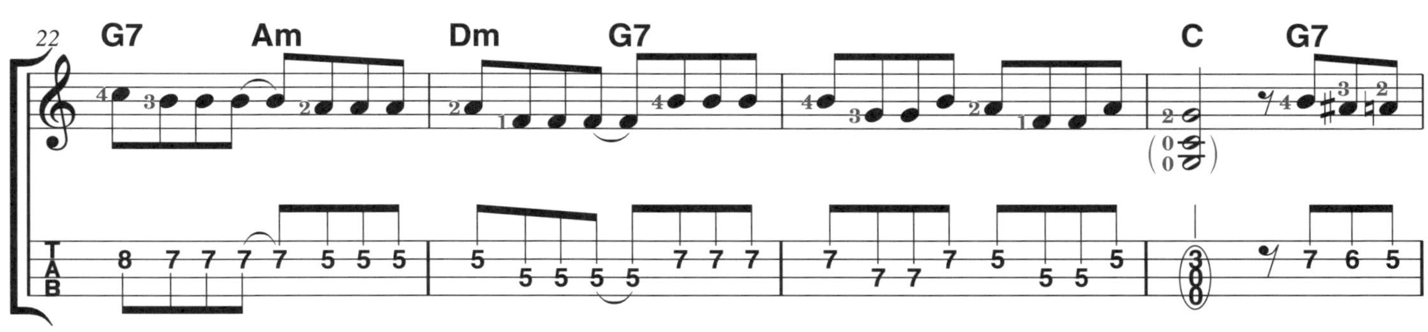
22
G7
Am
Dm
G7
C
G7

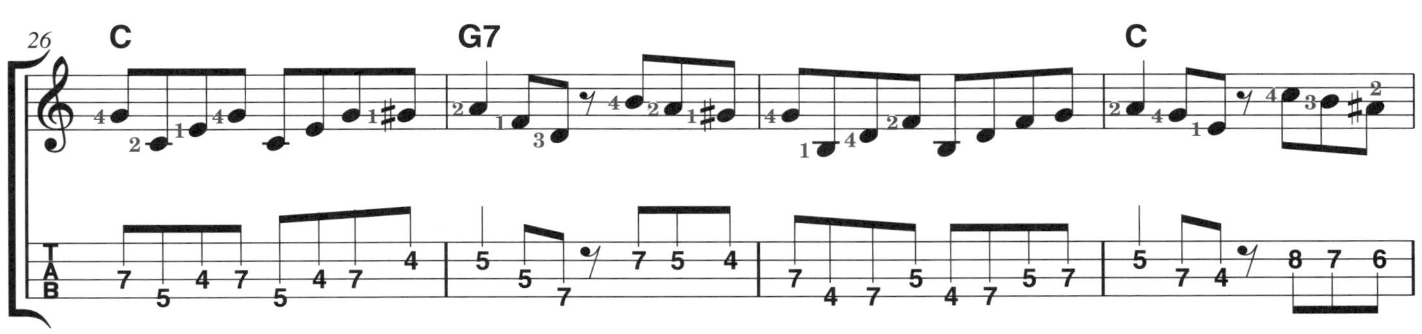
26
C
G7
C

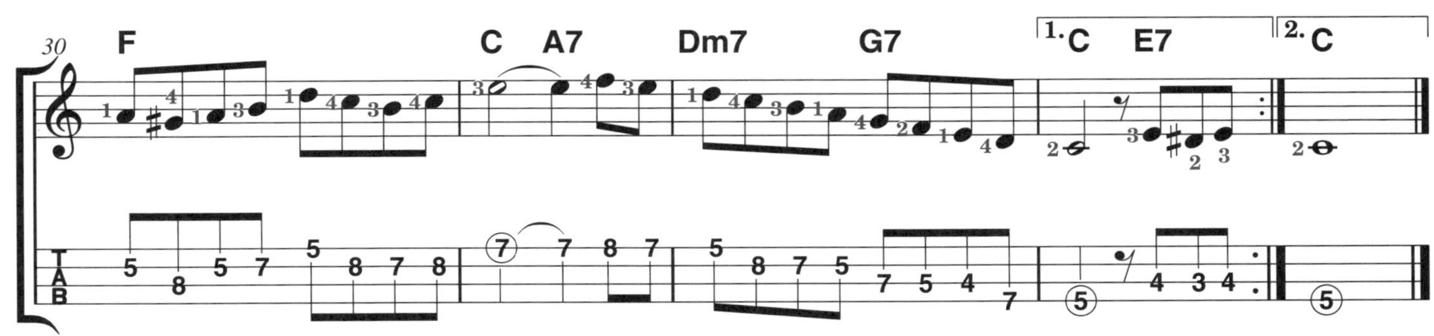
30
F
C
A7
Dm7
G7
1. C
E7
2. C

Crazy G

G6   Gdim7   D7   G6   Gdim7   D7
G6   Gm6
G6   D7   G6   Gdim7 G6
G   Gm
G   D7   G6   Gdim7 G6

i(집게손가락)를 사용해서
ㄇ(down), v(up) 스트로크를 빠르게 반복한다.
G7
C
(B)
C
A7
D7
G6
Gdim7
D7
G6
Gdim7
D7
G
B♭6
C
E♭
N.C.
G
Tremolo
G6

별총총

하찌, 조태준 작사 / 하찌 작곡

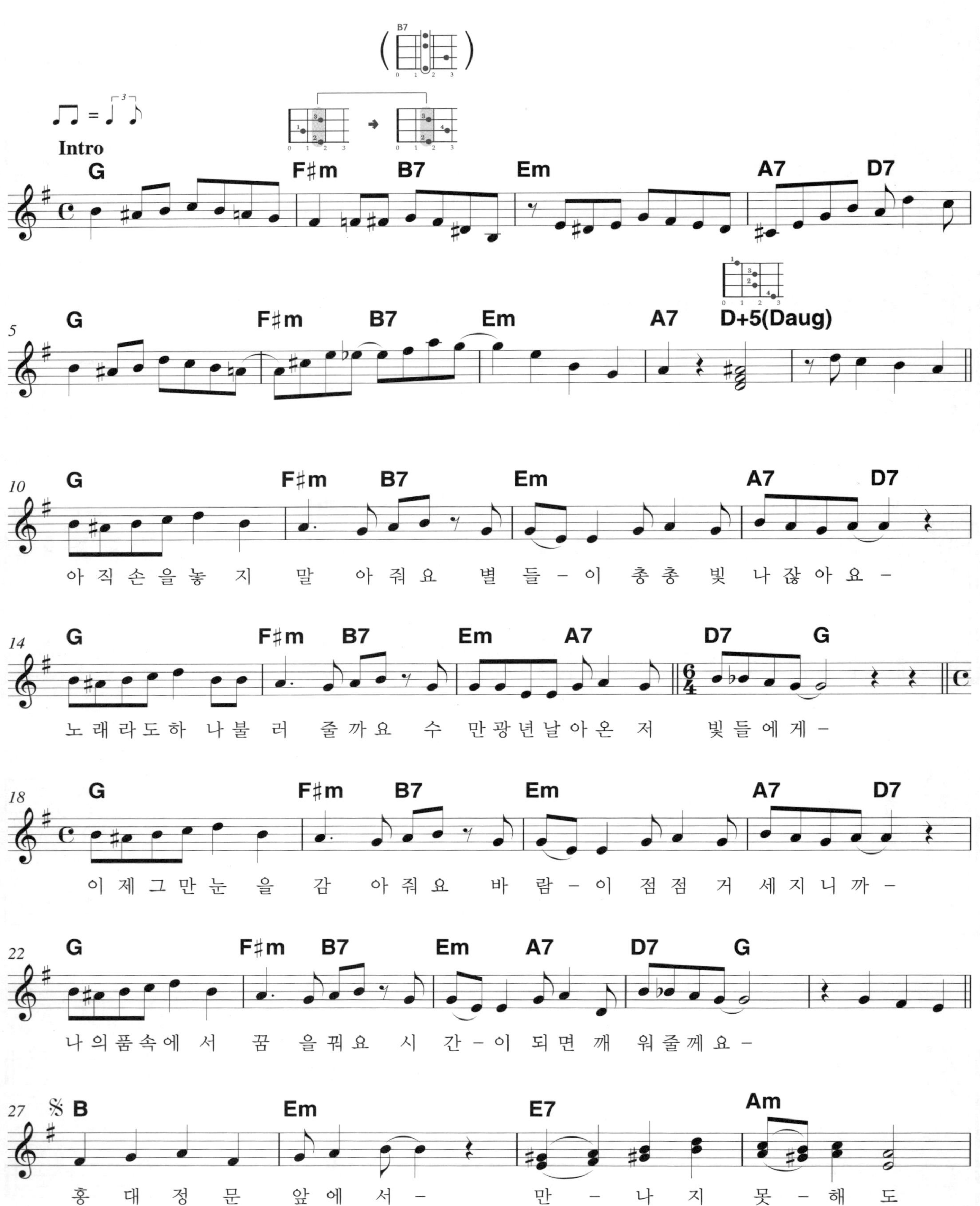

Intro
G   F#m   B7   Em   A7   D7
G   F#m   B7   Em   A7   D+5(Daug)
G   F#m   B7   Em   A7   D7
아 직 손 을 놓 지 말 아 줘 요 별 들 - 이 총 총 빛 나 잖 아 요 -
G   F#m   B7   Em   A7   D7   G
노 래 라 도 하 나 불 러 줄 까 요 수 만 광 년 날 아 온 저 빛 들 에 게 -
G   F#m   B7   Em   A7   D7
이 제 그 만 눈 을 감 아 줘 요 바 람 - 이 점 점 거 세 지 니 까 -
G   F#m   B7   Em   A7   D7   G
나 의 품 속 에 서 꿈 을 꿔 요 시 간 - 이 되 면 깨 워 줄 께 요 -
B   Em   E7   Am
홍 대 정 문 앞 에 서 - 만 - 나 지 못 - 해 도

은 하 계 그 끝 에 서 우 리 다 시 만 나 요 -
아 직 손 을 놓 지 말 아 줘 요 아 침 - 이 밝 아 오 - 잖 아 요 -
노 래 라 도 하 나 불 러 줄 까 요 수 만 광 년 날 아 온 저 빛 들 에 게 -
아 직 손 을 놓 지 말 아 줘 요 별 들 - 이 총 총 빛 나 잖 아 요 -
노 래 라 도 하 나 불 러 줄 까 요 수 만 광 년 날 아 온 저 빛 들 에 게 - 저
빛 들 에 게 - 저 빛 들 에 게 -
break
D.S.

남쪽 끝 섬
하찌, 조태준 작사 · 작곡
Intro
G Am D7 G Am D7
G Am D7 G Dm G7
언 젠 가 그 대 와 둘 이 서 – 어 딘 가 남 쪽 끝 섬 에 서 –
소 나 기 가 지 나 갔 으 면 – 무 지 개 색 칵 테 일 건 배 –
Cm Bm Bdim
쨍 쨍 한 태 양 에 불 타 고 – 시 원 한 바 람 에 춤 추 고 –
달 콤 한 그 향 에 취 하 고 – 라 디 오 소 리 에 숨 쉬 고 –
Am Adim G Am D7
야 자 나 무 그 늘 밑 에 서 – 뽀 뽀 하 고 싶 소
그 대 허 벅 지 에 엎 드 려 – 낮 잠 자 고 싶 소
Solo
G Am D7 G Dm G7 Cm
Bm Bdim Am Adim G Am D7
G Am D7 G Dm G7
얼 음 장 수 아 저 씨 안 녕 – 핑 크 색 구 름 빙 글 빙 글 –
Cm Bm Bdim
빛 나 는 향 기 의 그 대 와 – 예 쁜 포 즈 로 사 진 한 컷 –

Am   Adim   G   Am   D7
시 계가멈춘낙원에서 – 눈을감고싶소 – 네
G   Bdim   Am   Adim
온 사 인 들 눈 이 부 셔 – – 별
G   Bdim   Am   Dm   G7
빛 은 보 이 지 도 않 네 – – 도
Cm   Bm   Bdim
대 – – 체 – 당 – 신 어 – 디 – 서 꿈 – 꾸나 – 요 난
Am   Adim   G   Am   D7
빌 딩 – 숲 – 속 허 수 아 비 –
G   Am   D7   G   Dm   G7
언 젠 가 그 대 와 둘 이 서 – 어 딘 가 남 쪽 끝 섬 에 서 –
Cm   Bm   Bdim
쨍 쨍 한 태 양 에 불 타 고 – 시 원 한 바 람 에 춤 추 고 –
Am   Adim   G   Am   D7
야 자 나 무 그 늘 밑 에 서 – 뽀 뽀 하 고 싶 소
G   Am   D7   G   Am   D7
라 빠 바 빠 바 바 바 빠 바 – 라 빠 바 빠 바 바 바 빠 바 –
G   Am   D7   break   G
라 빠 바 빠 바 바 바 빠 바 –

은행나무

하찌, 조태준 작사 / 하찌 작곡

4번손가락만 추가한다.
Intro
은행나무가눈 부시던날 -
흘러흘러가는 구름따라 -
모래내시장서 이대앞으로 걸어가
용달차가득실린 햇밤더미 -
꿈속에뿅가있는 연인 - 들 -
커피값남겨놓고 야구 - 나 - 쳐볼까
좀멀어졌던 - 그형님한테 - 전 - 화라도드 - 려볼까 -
반가운소식 - 하 - 나있길 - 래 원 - 두볶는 향기속에 -
감길듯말듯한 눈꺼 - 풀 - 정 - 신차려보니 한시간이나 - 흘 - 렀
Solo
네

놀래미 광어 농어 오징 - 어 -   수 족 관 에 서 우릴 기 다 리 네 -
(아~ 오늘은 진짜 마시지 말아야 되는데) 하 면 서
좀 멀 어 졌 던 - 그 동 생 한 테 - 문 - 자 라 도 - 띄 - 워 볼 까 -
반 가 운 소 식 - 하 - 나 있 길 - 래 -   예 에 -
좀 처 럼 용 기 가 나 - 지 않 아 - 뭔 가 찝 찝 한 - 시 간 만 가 고 -
내 발 걸 음 도 - 휘 - 청 거 리 - 네
은 행 나 무 가 눈 부 시 던 날 -
은 행 나 무 가 눈 부 시 던 날 -
은 행 나 무 가 눈 부 시 던 날 -
rit.

- 前 한국 기타협회 군포시 지부장
- 뮤직앳홈 『김배훈 음악교실』 저
- EBS 도전 죽마고우 클래식 기타편 강사
- 헤이리 김배훈기타살롱 운영
- 現 한국우쿨렐레교육원 원장
- 現 이화여대평생교육원 출강

저자_ **김 배 훈**

알로하 Aloha! Ukulele
우쿨렐레

발 행 일   2010년 7월 31일(1판 1쇄)
          2024년 7월 30일(1판 19쇄)

발 행 인   김두영
저   자   김배훈
발 행 소   삼호ETM (http://www.samhomusic.com)
          우편번호 10881
          경기도 파주시 문발로 175
          마케팅사업부 전화 1577-3588   팩스 (031) 955-3599
          콘텐츠사업부 전화 (031) 955-3589 팩스 (031) 955-3598
등   록   2009년 2월 12일 제321-2009-00027호

ISBN   978-89-6721-471-5